図解+設例でわかる

経営分析の
やり方・考え方

九州大学大学院教授
岩崎　勇［著］

税務経理協会

はじめに

　20世紀末からの長期の平成不況を克服するための切り札の一つとして金融ビッグ・バンが行われた。これは日本人の思考や行動にも大きなインパクトを与えつつある。この影響は，他の独占禁止法，商法，証券取引法，税法，会計などにもおよび，日本経済やそれを構成する個々の企業の経営にも大きな影響を及ぼしている。

　そして，このような背景の下で，ビッグ・バンによる規制緩和により企業の活動はより自由になった反面，一段と世界的な大競争も激しくなってきている。

　このような20世紀から21世紀へパラダイムシフトが行われた状況の下において，新しい諸制度の下で，企業の経営状況を的確に捉え，その情報に基づいて諸々の利害関係者が自己の最適な経済的意思決定を行っていくことが必要となっている。

　本書は，このような21世紀型の新しい諸制度の下で，どのように企業の経営状況を的確に把握し，理解したらよいのかについて解説するものである。

　それゆえ，本書は，次のような特色をもって書かれている。
① **最新性**：最新の会計などの諸制度の内容を反映していること
② **網羅性**：経営分析の基本事項を網羅していること
③ **重点性**：重要な事項に多くの紙面を割いていること
④ **理解可能性**：図解，重要用語に太字使用，難解用語にルビや括弧書きでの用語説明など，初心者でも容易に理解でき

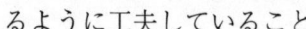

　　　るように工夫していること
⑤　実践性：数値例を挙げて，実践的な分析ができるようにしていること
⑥　考え方：どのように考えたらよいのかを明示していること
⑦　広範性：通常の経営分析に，とどまらず，企業評価などをカバーしていること

　本書を刊行することができたのは，明治大学大学院のときから常に変わらぬ温かいお気持ちで見守り，御指導を頂いた恩師元明治大学教授嶌村剛雄博士をはじめとする諸先生方の御高配の賜であると深く感謝している。そして，家を空けることが多い小生の分までしっかりと家の仕事をしてくれる妻晴子の励ましと，小学校受験で一層大きく成長し，いつも陽気で楽しそうな長男靖と自由散策の好きな愛犬ヌーヌーのおかげでもある。さらに，本書の出版に際しては，その企画，編集，校正，上梓に至るまで，常に督励され，大変お世話を頂戴した書籍企画部新堀博子氏，書籍製作部小髙真美氏に心から御礼を申し上げたい。

　2005年1月吉日

　……大寒の中にも温かい微笑を湛えながら咲き誇る美しいパンジー（pansy）を書斎から愛でつつ……

　　　　　　　　　　　　　　　　　　　横浜　三ツ沢公園にて
　　　　　　　　　　　　　　　　　　　　　　　著　者

目　　次

はじめに

第1編　財務諸表とその分析

第1章　財務諸表の意義 …………………………………… 2
1　経営と財務諸表 ……………………………………… 2
2　財務諸表の必要性 …………………………………… 5
3　財務諸表の種類 ……………………………………… 7

第2章　貸借対照表分析 …………………………………17
1　貸借対照表の意義 …………………………………18
2　分析対象項目 ………………………………………18
3　資産の意義と種類 …………………………………19
4　資産の分類と分析 …………………………………21
5　負債の意義 …………………………………………27
6　資本の意義 …………………………………………27
7　資金の調達と運用のバランス分析 ………………28
8　貸借対照表分析上の注意点 ………………………32
9　資本概念 ……………………………………………35
10　貸借対照表の分析手法 ……………………………37

第3章　損益計算書分析 …………………………………40
1　損益計算書の意義 …………………………………40
2　分析対象項目 ………………………………………41
3　利益概念 ……………………………………………43

4	利益の役割	46
5	現行の損益計算の体系	47
6	損益計算書の分析手法	49
7	損益計算書分析の基礎	50

第4章　キャッシュ・フロー計算書分析 ……………56

1	キャッシュ・フロー計算書の意義 …………56
2	区　　　分 ……58
3	キャッシュと利益の関係 ……60
4	キャッシュ・フロー計算書分析 ……62

第2編　経営分析の基礎

第5章　経営分析の意義と種類 ……………68

1	経営分析の意義 ……68
2	経営分析の分類 ……69
3	経営分析での比較 ……70
4	経営分析の体系 ……71

第6章　経営分析の目的とルール ……82

1	企業活動と経営分析 ……82
2	収益性分析 ……85
3	安全性分析 ……86
4	生産性分析 ……87
5	成長性分析 ……88
6	資金変動性分析 ……88
7	経営分析上のルール ……88

第7章　分析方法 … 93
1 分析方法の意義と種類 … 94
2 実数法 … 96
3 比率法 … 98
4 総合評価法 … 104

第3編　収益性分析

第8章　収益性分析の意義と内容 … 112
1 収益性の意義 … 112
2 収益性分析の意義 … 113
3 実数法 … 115
4 比率法 … 117

第9章　資本収益性分析 … 120
1 資本収益性の意義 … 120
2 総資本利益率 … 123
3 自己資本利益率 … 126

第10章　取引収益性分析 … 130
1 取引収益性の意義 … 130
2 売上高利益率の種類 … 131
3 売上高利益率の分解 … 133

第11章　活動性分析 … 136
1 活動性の意義 … 136
2 活動性分析の主要比率 … 140

第12章　その他の収益性分析 …………………………………147
　1　損益分岐点分析 …………………………………………147
　2　その他の収益性分析 ……………………………………156

第4編　安全性分析

第13章　安全性分析の意義 ………………………………………160
　1　安全性分析の意義 ………………………………………160
　2　安全性分析の分類 ………………………………………162
　3　安全性分析の基本パターン ……………………………163

第14章　流動性分析 ………………………………………………165
　1　流動性分析の意義 ………………………………………165
　2　流動性分析の比率 ………………………………………166

第15章　健全性分析 ………………………………………………169
　1　健全性分析 ………………………………………………169
　2　資本構造分析 ……………………………………………171
　3　投資構造分析 ……………………………………………176
　4　利益処分性向分析 ………………………………………179

第16章　資金変動性分析 …………………………………………181

第17章　損益計算書項目 …………………………………………186

第5編　その他の経営分析

第18章　生産性分析 …… 192
1　生産性の意義と内容 …… 193
2　生産性分析の意義 …… 199
3　労働生産性比率 …… 201
4　資本生産性比率 …… 204
5　付加価値の分配率 …… 206

第19章　成長性分析 …… 212
1　成長性分析の意義 …… 212
2　成長性の指標 …… 213

第20章　キャッシュ・フロー分析 …… 221
1　概　　要 …… 221
2　現金創出能力 …… 223
3　収益性比率 …… 226
4　安全性比率 …… 229
5　その他のキャッシュ・フロー比率 …… 231

第21章　連結財務諸表分析 …… 235
1　連結財務諸表の意義 …… 235
2　連結財務諸表分析 …… 237

第22章　企 業 評 価 …… 247
1　企業評価の意義 …… 247
2　企業評価の方法 …… 253

  3 投資評価手法……………………………………………263
  4 投下資本とリターンの関係………………………………265

参 考 文 献………………………………………………………267
索 引………………………………………………………271

財務諸表とその分析

第1編

- 第1章　財務諸表の意義
- 第2章　貸借対照表分析
- 第3章　損益計算書分析
- 第4章　キャッシュ・フロー計算書分析

第1章　財務諸表の意義

● 財務諸表の意義等のポイント ●

摘　　要	内　　容
(1) 財務諸表の意義	① 経営と財務諸表 ② 財務諸表の必要性
(2) 財務諸表等の種類	財務諸表等の種類 　損益計算書，貸借対照表，キャッシュ・フロー計算書，利益処分計算書，附属明細表，製造原価報告書，営業報告書など

1　経営と財務諸表

　ここでは，まず経営分析の対象となる財務諸表の意義と内容について見ていくことにする。

　会社を一定期間（1年，半年，3カ月など）経営した結果が，どのような**経営状況**であったのかは，**財務諸表**（financial statements：F／S；**決算書，計算書類**などとも呼ばれる）で示される。

　すなわち，会社がどの位健康であるのかを示す**カルテ**（Karte：診療記録カード）の役割を果たすのが，財務諸表である。

　会社の健康状態を示すものの中で，最も重要なのが，次の二つのものである。

① 会社の利益の状況（収益性）
② 会社の支払能力の状況（安全性）

前者は，会社が十分に**利益**（profit：つまり**儲け**）を上げているか否か，すなわち会社の**収益性**（profitability：利益を上げる能力のこと）を示している。これは，会社の**繁栄の指標**（indicator of prosperity）である。

これは，人間に喩えれば，子供が栄養を吸収し，**元気に大きく育って**いるようなものである。

他方，後者は，会社の債務の返済時に十分にそれを支払う能力があるか否か，すなわち会社の**（財務）安全性**（financial safety：財務的な支払能力のこと）を示している。これは，会社の**存続の指標**（indicator of continuation）である。

なぜ，この安全性が，会社存続の指標かという理由は，会社が期日に手形等の代金の支払いができずに，（二回以上）**不渡手形**（dishonored bill：期日に代金の支払いが拒絶された手形のこと）等を出すと，銀行取引が停止され，**事実上，倒産**したとみなされてしまうためである。

これは，人間に喩えれば，血液や酸素が身体の隅々まで絶え間なくうまく循環している状態である。もし血液や酸素が数分間止まったとすれば，人間はすぐに生きられなくなってしまうのと同様である。

● 経営と財務諸表の関係 ●

会社経営	会社の健康状態	財務諸表	①利益の状況（収益性） ➡会社の繁栄の指標	損益計算書等で
			②支払能力の状況（安全性） ➡会社の存続の指標	貸借対照表やキャッシュ・フロー計算書等で

なお，前者の収益性は，**損益計算書**（profit and loss statement：P／L；一会計期間における利益（ないし儲け）の稼得状況を示す計算書のこと）を中心として分析する。他方，後者の安全性は，**貸借対照表**（balance sheet：B／S；一定時点（通常，期末）における財政状態を示す計算書のこと）や**キャッシュ・フロー計算書**（cash flow statement：C F S；一定期間のキャッシュ・フローの増減とその結果とを示す計算書のこと）によって分析される。

このような，会社の一会計期間の経営活動の状況を示した計算書を総称して**財務諸表**（F／S）という。

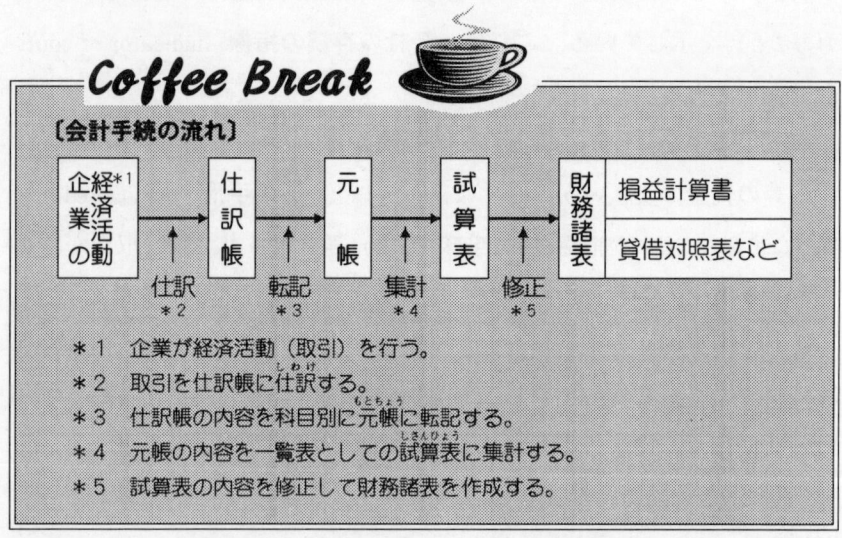

2　財務諸表の必要性

　財務諸表は，前述のように，会社の健康状態（経営状況）を示したものであるけれども，それでは，なぜこのように，財務諸表が作成・公表されるのであろうか。

　それは，株式会社などの会社という組織の性質それ自体にある。

　商法上，株式会社などの**会社** (company) とは，**営利社団法人**であるとされている。

　すなわち，**株式会社** (corporation or joint-stock company：JSC) とは，株主が会社に**出資**（元手としての資本を出すこと）をし，経営者がそれを元手としてうまく運用して，利益を獲得し，それを株主に配当という形で分配する仕組み（組織）のことである，といえる。

　しかも，現在の大企業としての株式会社では，**所有と経営の分離** (separation of ownership and management：企業の所有者とその経営者とが別の人により行われていること）や**所有と支配の分離** (separation of ownership and control：企業の所有者とその支配者とが異なっていること）がなされており，所有者は会社経営に直接にかかわっていないのが現状である。

　そこで，株主から委託された資本が，どのように運用され，その結果どの位儲かり，そして期末現在どのような状況にあるのかを示すために，経営者は年に一度**決算** (closing of accounts) を行って株主に対して報告をすることが必要となる。そして，ここで経営状況を示すために作成されるのが，財務諸表である。この意味で，財務諸表は，経営者の**経営責任**を示す**成績表**とみることもできる。

　このように，資本の委託・受託の観点から会計を捉える考え方を，**受託責任会計アプローチ** (stewardship accounting approach) という。

なお，簿記会計は，委託された資本の具体的な運用形態である財産を適切に保全するという機能（**財産保全機能**）も同時に果たしている。

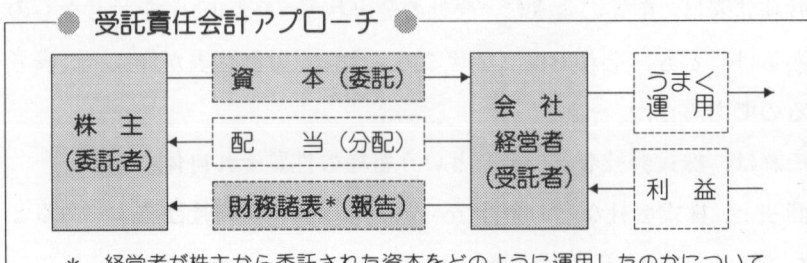

- 受託責任会計アプローチ -

株主（委託者） → 資本（委託）→ 会社経営者（受託者） → うまく運用
会社経営者 → 配当（分配）→ 株主
会社経営者 → 財務諸表＊（報告）→ 株主
→ 利益

＊ 経営者が株主から委託された資本をどのように運用したのかについての結果を説明するために（つまり受託責任を解除するために），財務諸表を作成し，報告を行う。

〔営利社団法人〕

営利社団法人をより詳しく説明すると，次のとおりである。

営利（profit-making）とは，利益の獲得と分配を目的としていることであり，社団（association）とは，一定の共通目的を持った人が集まって作った団体のことである。また，法人（corporation or juridical person）とは，法律により権利・義務の主体となれるように，人格（法人格：juridical personality）を与えられたもののことである。

●営利社団法人●

会社	営利社団法人	① 営利	利益の獲得と分配を目的としているもの
		② 社団	一定の共通目的を持った人が集まって作った団体のこと
		③ 法人	法律により権利・義務の主体となれる人格（法人格）を与えられたもの

3 財務諸表の種類

(1) 財務諸表の種類

個々の株式会社が作成すべき財務諸表（**個別財務諸表**）には，次のようなものがある。

● **個別財務諸表の体系** ●

摘要			証券取引法	商　法*
個別財務諸表	決算書	①	損益計算書（P／L）	① 損益計算書
		②	貸借対照表（B／S）	② 貸借対照表
		③	キャッシュ・フロー計算書（CFS）	－
		④	利益処分計算書（SARE）	③ 利益処分案
	明細	①	附属明細表（S）	① 附属明細書
		②	製造原価明細書（SPC）	－

* 商法では，この他に**営業報告書**（営業や財務の状況を示す報告書）も要求している。

このうち，**基本財務諸表**（basic financial statements）としては，損益計算書，貸借対照表，キャッシュ・フロー計算書の三つがある。

● **基本財務諸表** ●

基本財務諸表	① 損益計算書	これらが最も重要な財務諸表である。
	② 貸借対照表	
	③ キャッシュ・フロー計算書	

(2) 損益計算書（P／L）

会社の最大の**目的**の一つが**利益の獲得**である。

会社が一会計期間(通常,1年間)において獲得した利益を示す計算書として現在使用されているのが**損益計算書**である。すなわち,会社の**経営成績**(business result)を収益と費用の差額として示すものである。つまり,損益計算書は,経営分析の観点からは,主に**収益性**などを分析するのに利用される。

【利益の算式】

> 収益－費用＝利益(損益法)

このように,収益から費用を差し引いて計算する方式を**損益法**(profit and loss method)という。

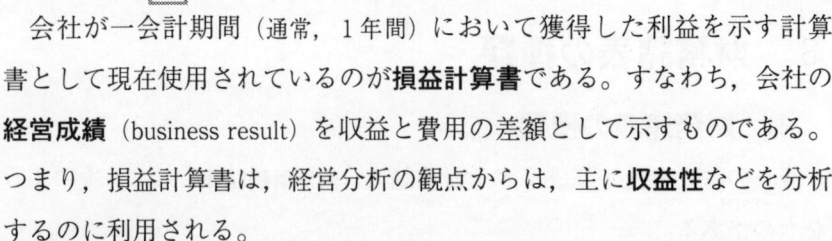

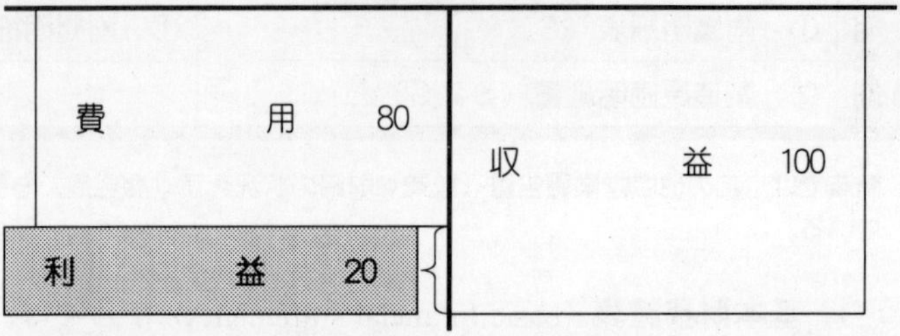

なお,利益計算の古い方法として,静態論における純財産増加額に基づき,ストックとしての期末純財産から期首純財産を差し引いて貸借対照表上で利益計算を行う**財産法**という方法もある。

> 期末純財産－期首純財産＝利益(財産法)

● 損益計算書の例示 ●

甲社	損益計算書		
	自×1年4月1日 至×2年3月31日		（単位：円）
Ⅰ	売上高		100,000
Ⅱ	売上原価*		50,000
	売上総利益		50,000
Ⅲ	販売費及び一般管理費		
	給料手当	20,000	
	その他	10,000	30,000
	営業利益		20,000
Ⅳ	営業外収益		
	受取利息・配当金		10,000
Ⅴ	営業外費用		
	支払利息		20,000
	経常利益		10,000
Ⅵ	特別利益		10,000
Ⅶ	特別損失		16,000
	税引前当期純利益		4,000
	法人税等		3,000
	法人税等調整額		1,000
	当期純利益		2,000
	前期繰越利益		2,000
	当期未処分利益		4,000

＊　外部から仕入れた商品の売上原価である。
（その他）　①　前期売上高　　　　　　　80,000
　　　　　　②　前期の当期純利益　　　　1,500
　　　　　　③　連結ベースの当期純利益　3,000

(3) 貸借対照表（B／S）

　会社は，前述のように，株主や銀行から資金を調達し，それを元手として商品を購入・売却することなどにより利益を獲得している。

このような，期末という一定時点における**資金の調達状況**やその**運用状況**（これらをあわせて**財政状態**：financial position という）を示す計算書が**貸借対照表**（B／S）である。

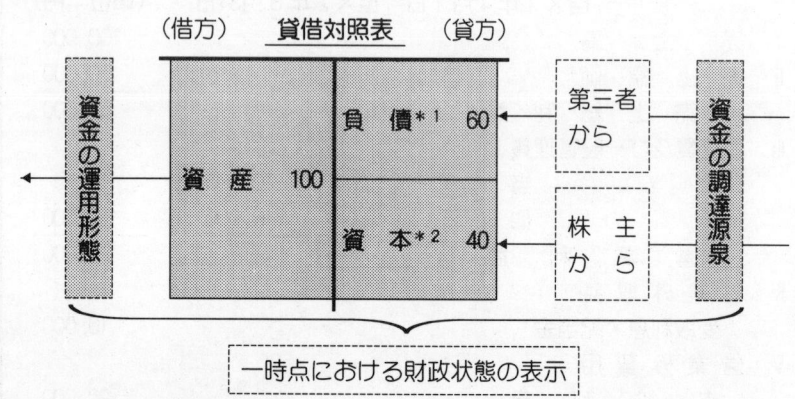

* 1 返済義務があるもの
* 2 返済義務のないもの

この場合，**資金の調達源泉**は，貸借対照表の右側（**貸方**という）で示され，返済義務のある**負債**（liability）と返済義務のない**資本**（capital）とがあり，同時に，法的な持分関係を示している。

また，資金の具体的な運用状況は，貸借対照表の左側（**借方**という）で示され，それは将来の収益獲得に貢献する能力のある**資産**（asset）である。それゆえ，貸借対照表は，経営分析の観点からは，主に安全性などを分析するのに利用される。

なお，貸借対照表上の借方と貸方（左右）の合計は，必ず等しい。これを等式で示したのが**貸借対照表等式**（balance-sheet equation）である。

また，貸借対照表は，期末における各勘定の**残高**（balance）を示し，かつ**左右の合計が等しい**（balanceしている）ので，balance sheet と呼ばれる。

そして，次の貸借対照表等式における負債を左側に移項して資本を求める等式に変えることができる。

　これは，資本を計算する算式なので，**資本等式**（capital equation）という。

〔貸借対照表等式〕

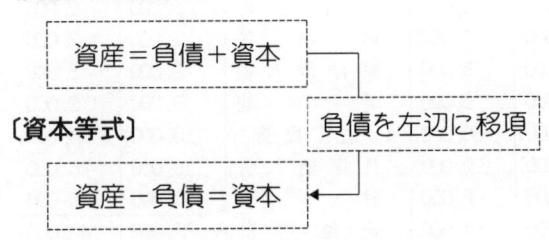

〔資本等式〕

● **貸借対照表の例示** ●

甲社

貸借対照表
至×2年3月31日現在　　　　　　　　　　　（単位：円）

資　産	×1.3.31	×2.3.31	負債・資本	×1.3.31	×2.3.31
Ⅰ　流動資産	(18,000)	(20,000)	Ⅰ　流動負債	(17,000)	(15,000)
現　　　金	2,000	3,000	支　払　手　形	3,000	2,000
受　取　手　形	5,000	6,000	買　掛　金	2,000	3,000
売　掛　金	6,000	5,000	短　期　借　入　金	9,000	8,000
棚　卸　資　産	5,000	6,000	そ　の　他	3,000	2,000
Ⅱ　固定資産	(26,000)	(30,000)	Ⅱ　固定負債	(20,000)	(25,000)
1　有形固定資産	(21,000)	(20,000)	長　期　借　入　金	10,000	15,000
建　　　　　物	9,000	8,000	社　　　　　債	10,000	10,000
車　　　　　両	5,000	4,000	（負　債　合　計）	37,000	40,000)
土　　　　　地	6,000	6,000	（資　　　本）		
そ　の　他	1,000	2,000	Ⅰ　資　本　金	3,000	3,000
2　無形固定資産	2,000	2,500	Ⅱ　資本剰余金	2,000	2,000
3　投資その他の資産			Ⅲ　利益剰余金	2,000	5,000
投資有価証券	3,000	7,500	（資　本　合　計）	7,000	10,000
資　産　合　計	44,000	50,000	負債・資本合計	44,000	50,000

(4) キャッシュ・フロー計算書（CFS）

　会社にとって現金（cash）は，前述のように，人間にとっての血液や酸素に相当し，それが絶えず十分に循環していることが必要である。これが不足し，債務が返済できないことは，会社にとって命取りとなる可能性がある。

　このキャッシュの一期間における増減変化とその残高の状況を示した計算書が**キャッシュ・フロー計算書**（cash flow statement：ＣＦＳ）である。

　そこでは，営業活動・投資活動・財務活動の三つに分けて，キャッ

シュの動きが示されている。

それゆえ，キャッシュ・フロー計算書は，経営分析の観点からは，主に**安全性**や**収益性**などを分析するのに利用される。

● キャッシュ・フロー計算書（間接法）の例示 ●

キャッシュ・フロー計算書 自×1年4月1日　至×2年3月31日	（単位：円）
Ⅰ　営業活動によるキャッシュ・フロー	
1　税引前当期純利益	5,000
2　減 価 償 却 費	1,500
3　売上債権の減少額	300
4　仕入債務の減少額	－200
5　そ　の　他	－1,600
営業活動によるキャッシュ・フロー	（　5,000）
Ⅱ　投資活動によるキャッシュ・フロー	
1　有形固定資産取得による支出	－3,000
2　投資有価証券売却による収入	1,000
投資活動によるキャッシュ・フロー	（－2,000）
Ⅲ　財務活動によるキャッシュ・フロー	
1　長期借入金の返済による支出	－1,000
財務活動によるキャッシュ・フロー	（－1,000）
Ⅳ　現金及び現金同等物の増加額	2,000
Ⅴ　現金及び現金同等物の期首残高	1,000
Ⅵ　現金及び現金同等物の期末残高	3,000

（注）　フリー・キャッシュ・フローを計算する上での不可避的な支出項目の金額は2,000である。

(5) 利益処分計算書（SARE）

会社は，前述のように営利法人なので，利益の獲得とその分配を基本目的の一つとしている。

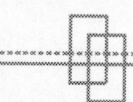

このように,会社が獲得した利益を,どのように処分したのかを示す計算書が**利益処分計算書**(statement of appropriation of retained earnings: SARE)である。

なお,この例示は,後述の(第5章)様式を参照されたい。

(6) 附属明細表(S)

会社の経営状況は,前述のような一覧的な概括表示を意図して作成される損益計算書や貸借対照表などでは表示しきれない。

そこで,これらの重要な項目についてその明細を表示し,情報を補足するために作成される計算書が**附属明細表**(schedules:S)である。

これには,その勘定の構成内容の明細を示すものと,期中の増減変化を示すものとがある。これらは,主に貸借対照表に関連する項目である。

証券取引法に関連する財務諸表等規則によれば,この例として,例えば,次のようなものがある。

有価証券明細表,有形固定資産等明細表,社債明細表,資本金等明細表,引当金明細表など。

なお,**商法**では,**附属明細書**と呼ばれ,類似のものの作成・表示が規定されている。

(7) 製造原価報告書(SPC)

製造会社(maker)の場合には,自社で製品を製造し,それを販売することによって利益を獲得している。

このように,一定期間において,製品を製造するのに,どの位の原価(cost)がかかったのかを示す計算書が**製造原価報告書**(statement of production cost:SPC)である。

原価の3要素としては，①**材料費**（material cost：製品の元となる材料（物品）を消費することにより生じた費用のこと），②**労務費**（labor cost：労働者に働いてもらうこと，すなわち労働用役を消費することにより生じた費用のこと），③**経費**（expenses：これは，前記①，②以外のサービスなどの消費により生じる費用のこと）がある。

● 製造原価報告書の例示 ●

製造原価報告書
自×1年4月1日　至×2年3月31日　（単位：円）

1	直接材料費	2,000
2	直接労務費	3,000
3	直接経費	1,000
4	製造間接費	4,000
	小　　計	10,000
5	期首仕掛品棚卸高	（＋）1,000
6	期末仕掛品棚卸高	（－）500
	当期製品製造原価	10,500

(8) 営業報告書（BR）

会社の営業の状況は，必ずしも前述の損益計算書や貸借対照表などの**定量的情報**（quantitative information）では表現しきれない。

そこで，経営者が一定期間における会社の営業の状況を文章で示した報告書が**営業報告書**（business report：BR）である。これは，文章によるので**定性的情報**（qualitative information）ということができる。

この営業報告書では，例えば，会社の主な事業の内容，その年度の営業の概況，会社が対処すべき課題などを示している。

なお，この他に，有価証券報告書には，財務諸表に関する**注記**

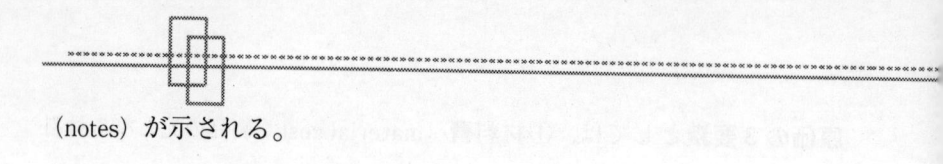

第2章　貸借対照表分析

● 貸借対照表分析のポイント ●

摘　　要	内　　容
(1) 貸借対照表の意義	・貸借対照表の意義等 　　意義，様式，分析対象項目
(2) 資　　産	・資産の意義等 　　意義，種類，分類，配列法，資金の運用状況
(3) 負　　債	・負債の意義等
(4) 資　　本	・資本の意義等 　　意義，資本金，資本剰余金，利益剰余金
(5) 資金のバランスの分析	・資金の調達・運用のバランスの分析 　　資金の調達，調達と運用のバランス
(6) 分析上の注意点	・貸借対照表分析上の注意点 　　不良債権，滞留・不良在庫，含み損，担保など
(7) 資本概念	・資本概念 　　自己資本，他人資本，総資本など
(8) 分析手法	・貸借対照表の分析手法 　　実数分析，比率分析など

1　貸借対照表の意義

(1) 意　　義

前述のように，一定時点（通常，期末）における企業の財政状態を表示する計算書が，**貸借対照表**（B／S）である。

これは，損益計算書と同様に**誘導法**（ゆうどうほう）（derivative method：期中に取引を帳簿に記録しておき，期末にその帳簿から一定の修正を加えて貸借対照表などの財務諸表を導き出す方法のこと）によって，作成される。

(2) 様　　式

貸借対照表の**様式**（form）については，勘定式と報告式とがある。

ここに**勘定式**（account form）とは，簿記におけるＴフォームと同様に，勘定科目を左右に分けて表示する様式である。また，**報告式**（report form）とは，上から下へ順次書き下ろす様式である。

貸借対照表の様式

（勘定式）

貸借対照表

資　　産	負　　債
	資　　本

（報告式）

貸借対照表

資　　産	×××
負　　債	×××
資　　本	×××
計	×××

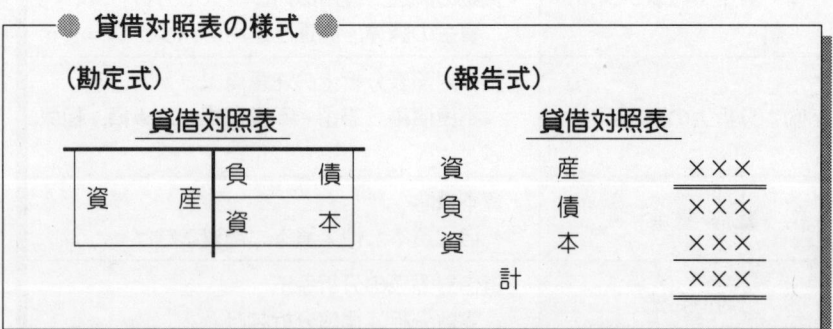

2　分析対象項目

経営分析上，貸借対照表に関連する主な分析対象項目には，次のよう

なものがある。

なお，貸借対照表については，主に**安全性分析**（safety analysis：ＳＡ）がなされ，**企業の存続可能性の状況**などが分析される。

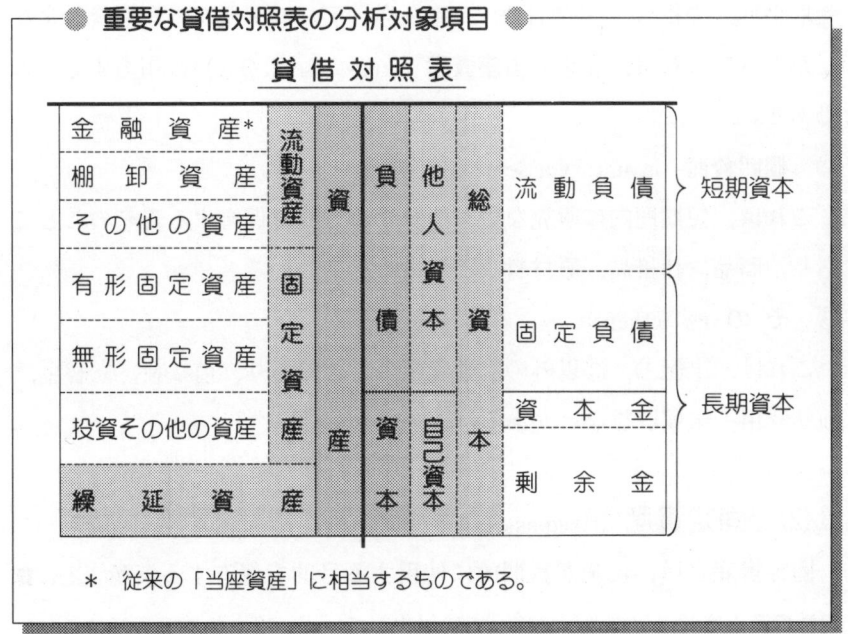

3　資産の意義と種類

資産（asset：Ａ）とは，将来において収益を獲得する能力（service potentials：ＳＰ；将来収益獲得能力）のある経済的資源のことである。

これは，流動資産，固定資産，繰延資産に三分類される。

(1)　流動資産（current assets：ＣＡ）

これは，現金および比較的短期間に回収ないし販売などにより現金化

ないし費用化する資産のことである。

① **金融資産**（financial assets：ＦＡ）

これは，当座の支払いに役立つ貨幣性資産のことであり，現金預金，受取手形，売掛金，（売買目的）有価証券，デリバティブ，短期貸付金などがある。これは，従来の**当座資産**（quick assets：ＱＡ）に相当するものである。

② **棚卸資産**（inventory assets：ＩＡ）

これは，短期間内に販売ないし消費する目的で保有する資産のことであり，商品，仕掛品，原材料などがある。

③ **そ の 他**（others）

これは，上記①，②以外の流動資産のことであり，前払金，立替金，前払費用，未収収益などがある。

(2) 固定資産（fixed assets：ＦＡ）

固定資産とは，企業が長期的に使用する目的で保有する資産（主に**費用性資産**：経営過程の進行に伴って費用化していくような性質の資産のこと）のことであり，次のように三分類される。

① **有形固定資産**（tangible fixed assets：ＴＦＡ）

これは，有形の固定資産のことであり，建物，構築物，機械装置，車両，工具器具備品，土地，建設仮勘定などがある。

② **無形固定資産**（intangible fixed assets：ＩＦＡ）

これは，無形の固定資産のことであり，営業権，特許権，借地権，実用新案権などがある。

③ **投資その他の資産**（investment and other assets：ＩＯＡ）

これは，投資などの目的で保有する固定資産のことであり，投資有価

証券，長期貸付金，投資不動産，長期前払費用などがある。

(3) 繰延資産 (deferred assets：ＤＡ)

これは，すでに代価の支払いが完了し，または支払義務が確定し，それに対する役務の提供を受けたにもかかわらず，その役務の有する効果が次期以降において発現するものと期待される費用（費用性資産）のことである。

これには，創立費，開業費，開発費，新株発行費，社債発行費，社債発行差金および建設利息などがある。

4 資産の分類と分析

(1) 概　　要

資産の分類については，現行会計制度上，次のようになされている。

まず，**資産性**（用役潜在力のこと）の有無で，資産に計上できるものとできないものとに分ける。そして，前者は，**財産性**（個別的な売却可能性のこと）の有無により，それのない繰延資産と，それのあるその他のものとに分ける。さらに，財産性のあるものは，**流動性**（現金への転化の速さのこと）の高低によって，それの高い流動資産とそれの低い固定資産とに分ける。最後に，固定資産は**有形性**（形があること）の有無により有形固定資産と無形固定資産とに分ける。このように分類することにより，企業の財政状態がより的確に伝達され，経営分析を行う場合に有用な情報を提供できることになる。

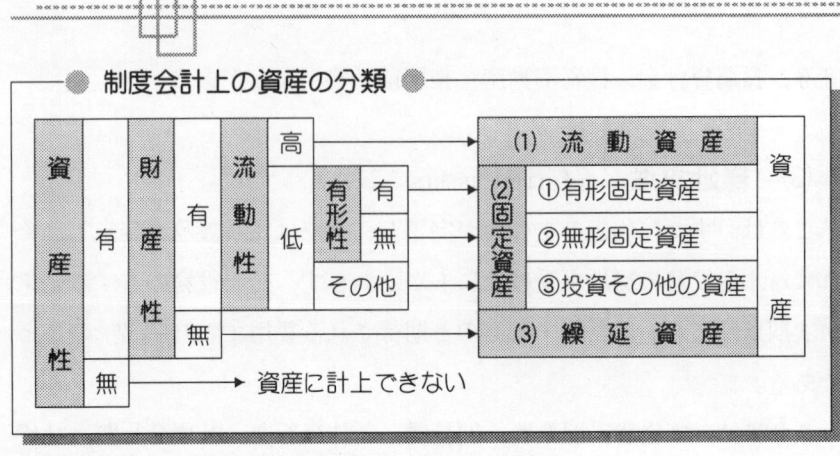

(出所) 岩崎　勇『基本財務諸表論』中央経済社，60頁。

(2) 財産性分類

資産は，まず財産性の有無により，それのない繰延資産とそれ以外のものとに分けられる。

これは，特に企業の倒産などを想定したとき，財産性のないものは，そのままストレートに無価値となり，財産性のあるものはいくらかの処分価値を有することとなるからである。

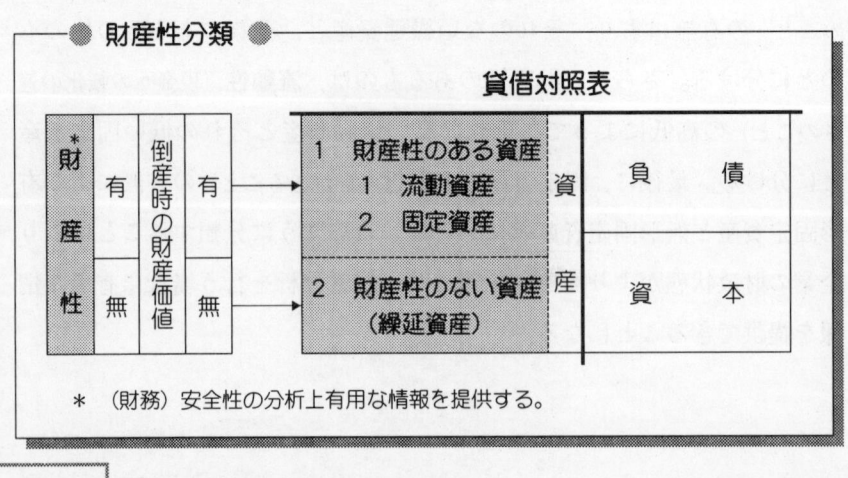

＊　(財務) 安全性の分析上有用な情報を提供する。

この意味で，財産性分類は，経営分析上，有用な情報を提供するものである。

(3) 資産等の流動・固定の分類

資産には，すぐに現金化されるものとそうでないものとがある。この現金への転化の速さのこと，言い換えれば，現金化までの時間的な長さのことを**流動性**（liquidity）という。

これは，資産が短期的に現金化されるか否かを分析することによって，財務的な安全性を分析するのに有用である。

この流動・固定の分類基準には，**営業循環基準**(normal operating cycle basis：正常な営業活動における運転資本の循環過程，すなわち現金→買掛金・支払手形など→商品→売掛金・受取手形など→現金という過程においてあらわれるすべての資産負債を流動資産・負債とする基準のこと）と**1年基準**（one yearrule：決算日の翌日から起算して1年以内に現金化ないし支払期日の到来する資産負債を流動資産・負債とし，1年を超えるものを固定資産・負債とする基準のこと）とがある。

このうち，大部分の資産負債には，1年基準が採用される。

● 流 動 性 ●

摘　　　要	内　　　容
(1) 意　義	資産：現金への転化の速さ 負債：現金として支払わなければならない速さ
(2) 基　準	① 　営業循環基準 ② 　1年基準
(3) 用　途	現金化までの時間を知るために，流動・固定に分類する。 ➡ （財務）安全性の分析のため

この基準により，資産負債は，流動資産・負債と固定資産・負債とに分けられる。すなわち，短期的に現金化されるものとそうでないものとに分けられる。

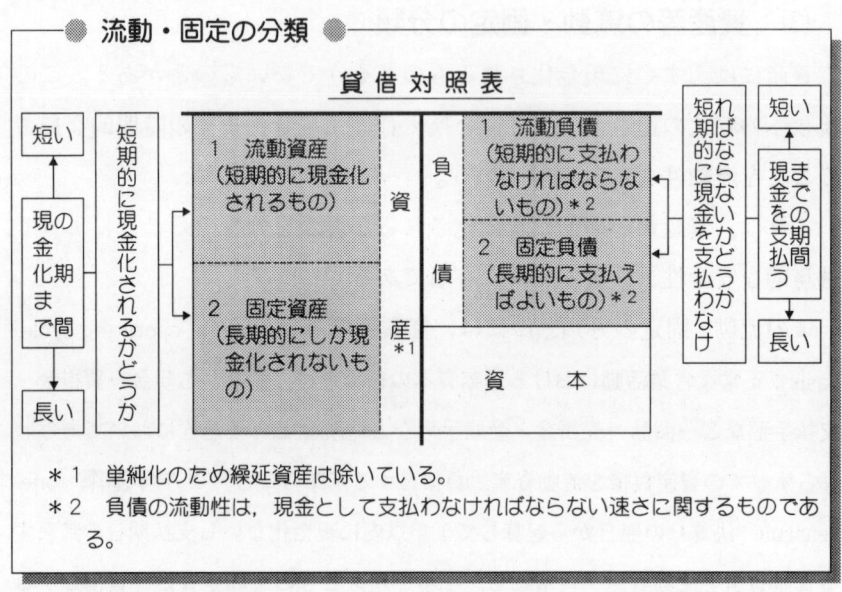

*1　単純化のため繰延資産は除いている。
*2　負債の流動性は，現金として支払わなければならない速さに関するものである。

　会社の資産の中で最も基本的で重要なものは，現金である。このことは，会社は現金の調達によって開始され，その現金で購入した資産が経営活動によって，再び現金として環流し，そして，会社の解散時には，現金の分配をもって終了することからも理解できる。

(4)　流動性配列法

　貸借対照表上の**区分および科目の配列**については，流動性配列法と固定性配列法の二つがある。**流動性配列法**（current arrangement）とは，流動性の高いものから順次配列していく方法であり，**固定性配列法**（capital arrangement）とは，固定性の高いものから順次配列していく方法である。

なお，ここで**流動性**とは，現金への転化の速度であり，資産については現金として回収しうる速度，負債については現金で支払うべき速度をいう。そして，現行の制度会計では，原則として流動性配列法によっている。

この配列法は，経営分析上，有用な情報を提供する。

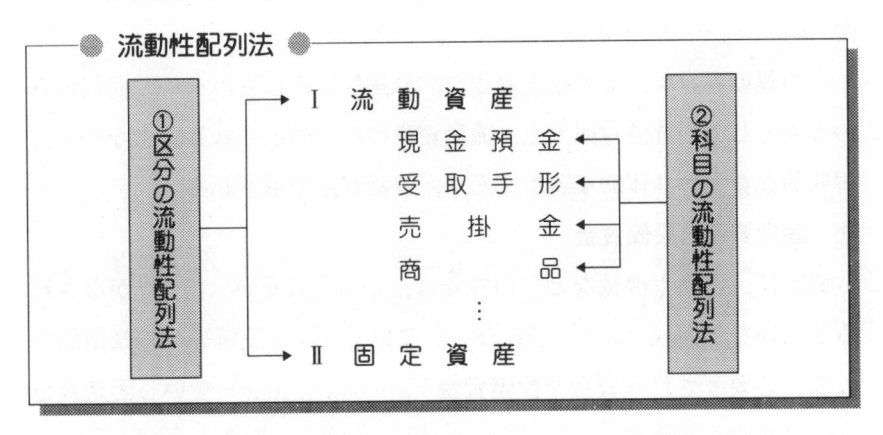

● **流動性配列法** ●

① 区分の流動性配列法 → Ⅰ 流 動 資 産
現 金 預 金
受 取 手 形
売 掛 金
商 品
⋮
→ Ⅱ 固 定 資 産
② 科目の流動性配列法

(5) 流動・固定と資金の運用状況

資産は，企業が調達した資金を具体的にどのように運用しているのかの状況を示すものであるが，貸借対照表上の流動・固定資産と資金の運用状況との関連は，次のとおりである。

すなわち，企業は，利益追求のために，現金を支出（出金）し，それを営業活動によって，回収（入金）する。しかし，そこには，資産の種類によって出金から入金までの間にさまざまな**時間差**（time difference or time lag）がある。

① 流動資産と運転資金

例えば，商品売買取引を資金の観点からみると，商品の仕入れから掛(かけ)売上，そして代金の回収という過程に見られるように，商品の仕入れに

現金の支出（出金）を伴い，その掛売りによる売掛金の回収（入金）によって完結する。しかも，この出金から入金までの時間差は通常，**短期的なもの**である。

このような仕入代金や従業員の給料，その他の諸経費など，生産販売などの活動を円滑に実行するために日常的に必要とされる資金が**運転資金**（working fund）である。

この運転資金は，その投下過程や回収過程にあるものないし回収済みのものとして，貸借対照表上，**流動資産**の部で表示される。すなわち，短期的な資金の具体的な運用状況は，流動資産で示される。

② **固定資産と設備資金**

例えば，建物や機械などへの投資は，いったんそれ（出金）がなされるとなかなか回収（入金）されない。このような，設備等への長期的な投資に必要とされる資金を**設備資金**（equipment fund）ないし**固定資金**（fixed fund）と呼ぶ。

この設備資金の投下の状況は，貸借対照表上，固定資産の部で表示される。すなわち，長期的な資金の具体的な運用状況は固定資産（および繰延資産）で示される。

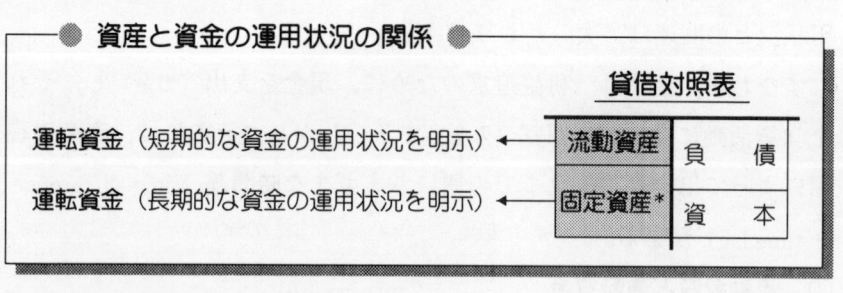

```
●━━━ 資産と資金の運用状況の関係 ●━━━
                                    貸借対照表
  運転資金（短期的な資金の運用状況を明示）← 流動資産 | 負 債
  運転資金（長期的な資金の運用状況を明示）← 固定資産*| 資 本
```

* 簡略化のために，繰延資産を除いている。

5　負債の意義

　負債（liability：L）とは，将来において企業の資産を減少させる原因となるものであり，あえて簡単にいえば，**返済義務のあるもの**と考えることができる。そしてこれは，流動負債と固定負債に分けられる。

　これは，企業資本の調達源泉から見た場合には，**他人資本**（borrowed capital：企業の所有主以外の人から調達された資金のこと）であり，また企業資本の帰属関係の面からは**債権者持分**（creditors' equity：企業に対して債権を持っている者の持分のこと）である。

(1)　流動負債（current liabilities：CL）

　これは，営業循環基準ないし1年基準により流動的な負債とされたものであり，支払手形，工事未払金，短期借入金，未払費用，未成工事受入金，賞与引当金などがある。

(2)　固定負債（fixed liabilities：FL）

　これは，流動負債以外の負債のことであり，社債，長期借入金，退職給付引当金，特別修繕引当金などがある。

6　資本の意義

　資本（capital：C）とは，一般に利益を獲得するための元手のことであり，負債との対比でいえば，返済しなくてもよいものである。これを企業資本の調達源泉の面から見れば**自己資本**（owned capital：OC；企業の所有主からの出資額とそれによる利益のこと）ないし**株主資本**であり，帰属

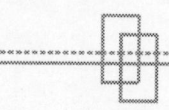

面からは**株主持分**（shareholders' equity：ＳＥ；企業の出資者である株主の持分のこと）である。

このうち主要なものとしては，次のようなものがある。

① **資　本　金**（capital：Ｃ）

これは，株主が出資した金額のことであり，**法定資本**（legal capital：ＬＣ）とも呼ばれる。

② **資本剰余金**（capital surplus：ＣＳ）

これは，資本取引から生じた剰余金のことである。これには，資本準備金やその他資本剰余金がある。

③ **利益剰余金**（earned surplus：ＥＳ）

これは，損益取引から生じた剰余金のことである。これには，利益準備金，任意積立金，当期未処分利益がある。

7　資金の調達と運用のバランス分析

(1)　資金の調達

貸借対照表の貸方項目である負債と資本は，ともに資金の調達源泉を示すが，簡単にいえば，負債は返済義務があるのに対して，資本は返済義務がないところが大きく異なっている。しかも，負債は，さらにそれが短期的なものであるか否かで，短期的な性質のものである流動負債と長期的な性質をもつ固定負債とに細分される。

● 資金の調達源泉 ●

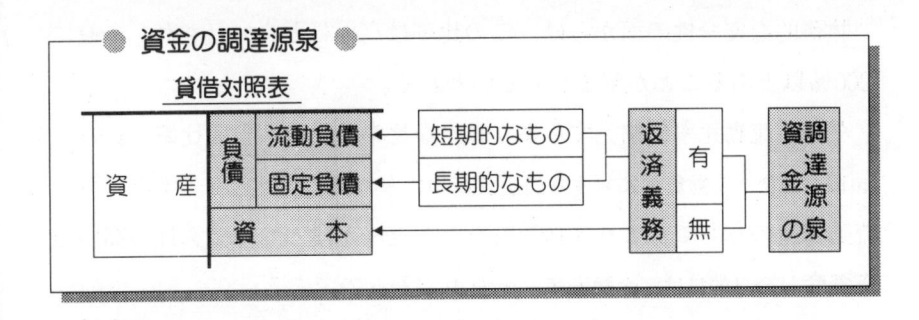

```
貸借対照表
┌─────┬──────┐    ┌──────┐      ┌──┐
│     │ 流動負債 │◄── │短期的なもの│ ──┐  │返│ ┌─┐  ┌─┐
│     ├──────┤    ├──────┤   │  │済│ │有│  │資調│
│ 資産  │ 負債      │                                  │長期的なもの│ ──┘  │義│ │  │  │金達│
│     │ 固定負債 │◄── │      │      │務│ │無│  │の源│
│     ├──────┤                                              │  │ └─┘  │泉 │
│     │ 資  本 │◄──────────────────┘  └─┘
└─────┴──────┘
```

(2)　資金の調達と運用のバランス

① 短期的なバランス：流動比率・当座比率

　短期的な資金の調達と運用のバランスを考えるときに，最も一般的に用いられる比率が流動比率（current ratio：ＣＲ；流動負債に対する流動資産の比率のこと）などである。

　これは，短期的に返済しなければならない流動負債以上に，どの位その短期的な返済手段である流動資産を，企業が保有しているかによって，財務的な安全性を分析するものである。

● 短期的な資金の調達と運用のバランスの分析 ●

$$\text{流動比率} = \frac{\text{流動資産}}{\text{流動負債}} \times 100 \qquad \text{当座比率} = \frac{\text{当座資産}^*}{\text{流動負債}} \times 100$$

　　＊　今日的には，金融資産

（流動比率のケース）

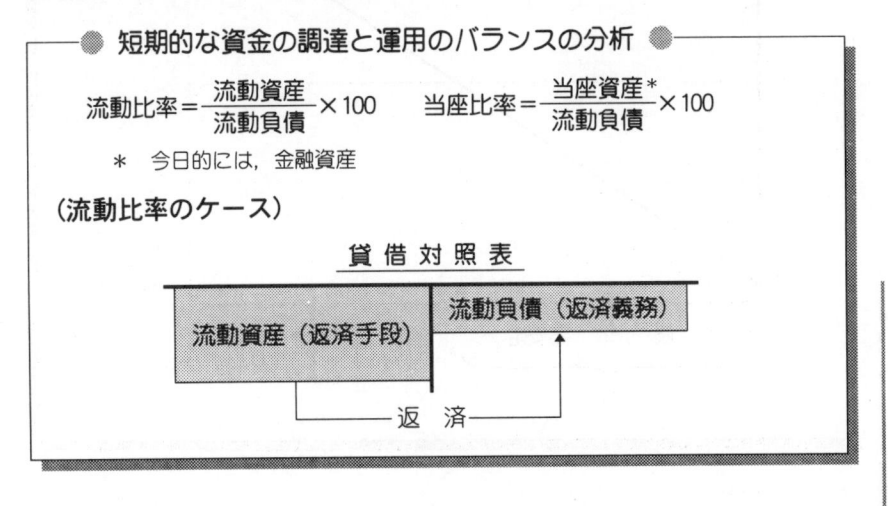

```
               貸 借 対 照 表
        ┌─────────┬─────────┐
        │         │ 流動負債（返済義務）│
        │ 流動資産（返済手段）├─────────┤
        │         │         │
        └─────────┴─────────┘
                 └──── 返 済 ────┘
```

第2章　貸借対照表分析

財務的な安全性の面からは，この比率は高いほど良いとされ，一般に200%以上あることが望ましいといわれる。

　なお，流動比率を補完するより厳格な比率として，**当座比率**（quick ratio：ＱＲ；流動負債に対する当座資産の比率のこと）がある。すなわち，流動資産のうちでもより支払手段ないし返済手段として確実性の高い**当座資産**（今日的には，**金融資産**）を使用するものである。

　これは，流動資産の中には，棚卸資産のように，その現金化のためには販売努力が必要であり，当座の支払手段とならないと考えられるものが含まれており，これらを除いて，換金性が高く，当座の支払手段となりうるものだけで，短期の支払能力（安全性）を分析しようとするものである。

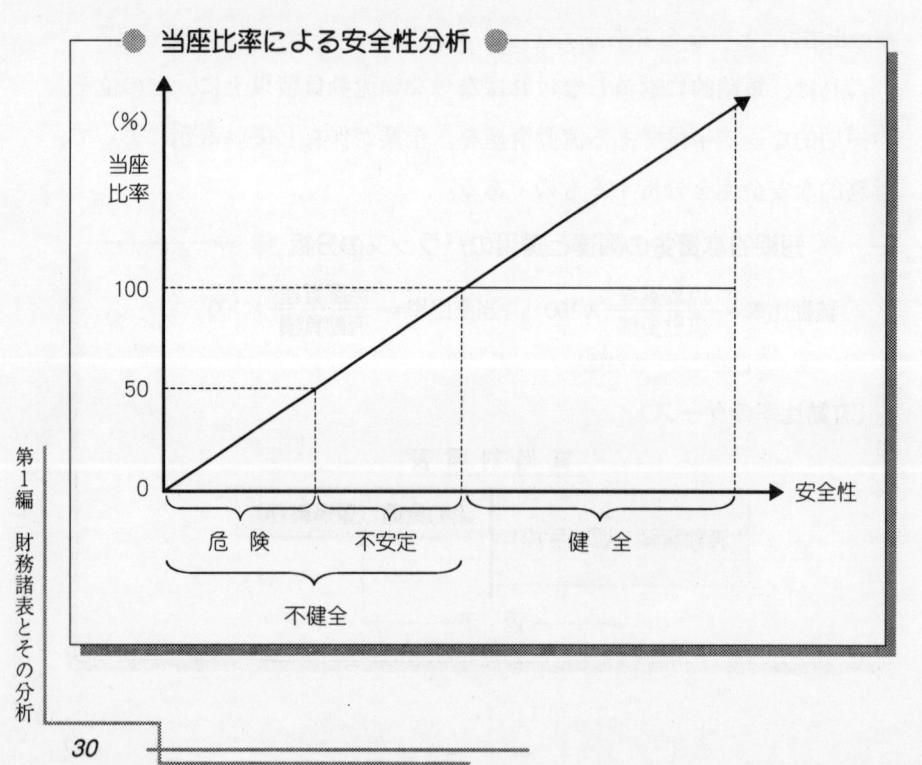

● 当座比率による安全性分析 ●

(%) 当座比率

100

50

0 → 安全性

危　険　｜　不安定　｜　健　全

不健全

② 長期的なバランス：固定比率・固定長期適合率

長期的な資金の調達と運用のバランスを考えるときに，最も一般的に用いられる比率が**固定比率**（ratio of fixed asset to net worth：自己資本に対する固定資産の比率のこと）や**固定長期適合率**（ratio of fixed asset to net worth and fixed liability：自己資本と固定負債の合計額に対する固定資産との比率のこと）である。

これは，固定資産が長期的にしか現金化しないので，その資金源泉も本来返済が不要な自己資本でまかなわれることが理想であるが，自己資本がうすい日本企業では，現実的には自己資本と長期的に返済すればよい固定負債の合計額でまかなわれていればよいと判断するものである。

この比率により，その会社の長期的な安全性つまり健康状態が分析できる。

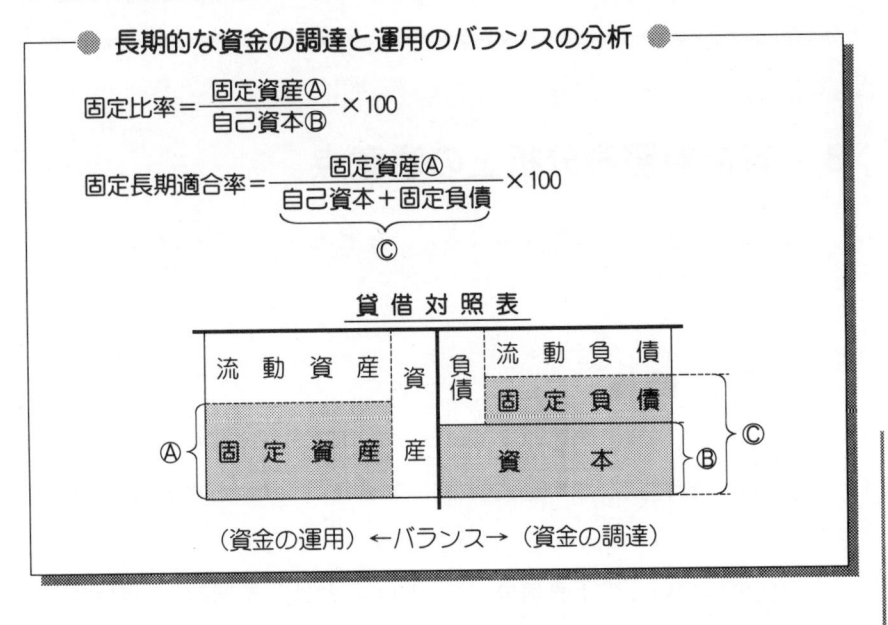

● 長期的な資金の調達と運用のバランスの分析 ●

$$固定比率 = \frac{固定資産Ⓐ}{自己資本Ⓑ} \times 100$$

$$固定長期適合率 = \frac{固定資産Ⓐ}{自己資本＋固定負債} \times 100$$
$$\underbrace{}_{Ⓒ}$$

貸借対照表

流動資産	資産	流動負債	負債
固定資産 Ⓐ		固定負債	Ⓒ
		資本 Ⓑ	

（資金の運用）←バランス→（資金の調達）

●── 資金の調達と運用のバランスの分析 ──●

摘　　要	長　　期 （固定比率・固定長期適合率）	短　　期 （流動比率）
1 非常に健全タイプⓐ	固定資産＜資本	流動資産＞流動負債
2 健全タイプⓑ	固定資産＜（資本＋固定負債）	流動資産＞流動負債
3 不健全タイプⓒ	固定資産＞（資本＋固定負債）	流動資産＜流動負債

タイプA（非常に健全）　タイプB（健全）　タイプC（不健全）

貸借対照表

短期：流動資産｜流動負債／固定負債
長期：固定資産｜資本

貸借対照表

流動資産｜流動負債／固定負債
固定資産｜資本

貸借対照表

流動資産｜流動負債
固定資産｜固定負債／資本

8　貸借対照表分析上の注意点

　実際の貸借対照表を分析するときに，注意すべき主要な点には，次のようなものがある。

(1) 不良債権

　銀行等の不良債権の問題がよくニュースで取りあげられるが，受取手形，売掛金，貸付金などの金銭債権については，それが本当に将来回収され，現金化するかどうかを少し詳しく検討する必要がある。
　金銭債権についての**不良債権**（bad debts）とは，長期的に回収が滞っていたり，相手先の破産や会社更生法の適用などによって実務的に全額

を回収することが不可能と考えられるような債権のことである。

このような不良債権については，理論上は，回収不能と見込まれる金額について**貸倒引当金**(かしだおれひきあてきん)（allowance for bad debts）を計上したり，**貸倒処理**（貸倒損失の計上）をすることになる。実務的にもこの処理を適切に行っていれば問題ないが，これを行っていないときには問題であり，その部分を資産計上額からマイナスした金額によって再評価し，経営分析を行う必要がある。

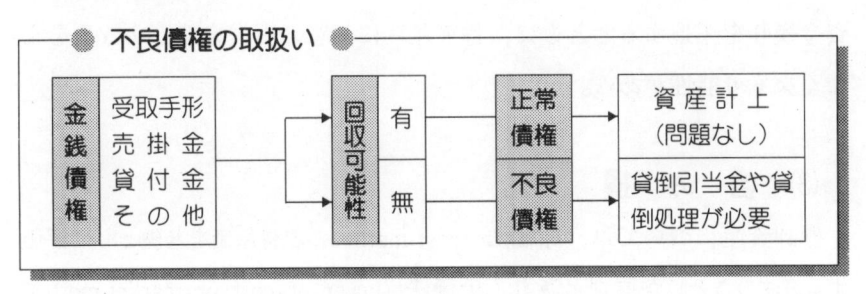

● 不良債権の取扱い ●

| 金銭債権 | 受取手形
売掛金
貸付金
その他 | → | 回収可能性 | 有 → 正常債権 → 資産計上（問題なし） |
| | | | | 無 → 不良債権 → 貸倒引当金や貸倒処理が必要 |

また，会社側では，資金繰り計画上，不良債権については，入金予定から除外しておく必要がある。

(2) 滞留・不良在庫

商品・製品・仕掛品(しかかりひん)・原材料という棚卸資産の中には，流行遅れ，旧型品などの理由で売れ残った商品等，傷や品質低下した商品等が存在することがある。このような**滞留・不良在庫**については，理論上は，**陳腐**(ちんぷ)**化**(か)（流行遅れなどにより経済的価値が減少すること）や品質低下についての評価損を計上することになる。実務的にもこの処理を適切に行っていれば問題ないが，これを行っていないときには問題であり，その部分を資産計上額からマイナスした金額によって再評価し，経営分析を行う必要がある。

● 滞留・不良在庫の取扱い ●

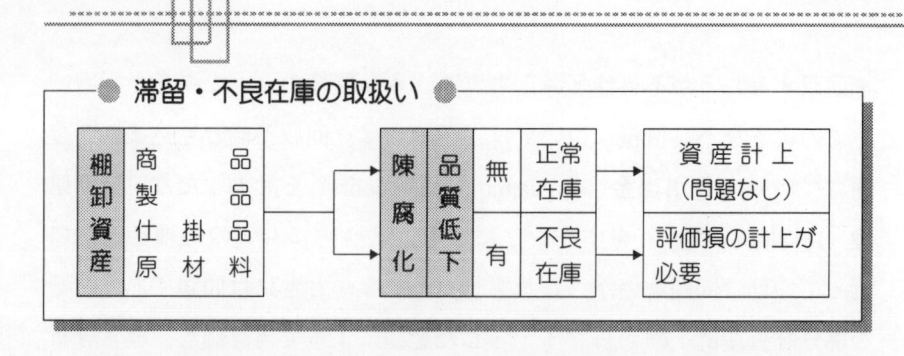

棚卸資産	商品 製品 仕掛品 原材料	→	陳腐化	品質低下	無	正常在庫	→	資産計上 （問題なし）
					有	不良在庫	→	評価損の計上が必要

　なお，会社側では，多くの滞留・不良在庫を抱えると，最終的には，資金繰りを圧迫するとともに，将来さらに一層の損失を計上せざるをえなくなる可能性がある。

(3) 含 み 損

　棚卸資産については，**原価法**（cost method：取得原価を基礎として評価する方法のこと）が原則とされ，**低価法**（lower-of-cost-or-market method：原価と時価のいずれか低い方で評価する方法のこと）は任意適用となっている。

　そこで，会社が原価法を採用するときには，合法的に含み損が損益計算書上表示されないこととなり，その分貸借対照表上の棚卸資産には実質的に価値の減少した含み損が含まれたままとなる。

　経営分析上，この点を十分に注意する必要がある。

● 時価の下落の取扱い ●

(対象)	(原価)	(時価)	(低価法)		(原価法)	
棚卸資産	取得原価 100	時価 80	評価損 20 貸借対照表 計上額 80	表面化して問題なし	貸借対照 表計上額 100	含み損：表面化せず問題あり

なお，(売買目的) 有価証券に関して，**証券取引法**が適用される**公開会社**については**時価法**（current value method：時価で評価する方法のこと）が適用されることとなったので，従来の含み損益の問題はなくなった。

ただし，**商法**のみが適用される**非公開会社**については，市場価格のある有価証券に対する**時価法**の適用は任意（**任意適用**）であるので，従来のような含み損益の問題が依然として残ることになる。

(4) 担　　保

銀行預金，有価証券，土地，建物などは，銀行借入れなどのために担保に供されていることがしばしばみられる。そこで，このような担保に供されている資産は，短期的な流動性が欠けることが多いので，特に流動資産については，その流動性が低いものと判断することが必要となる。

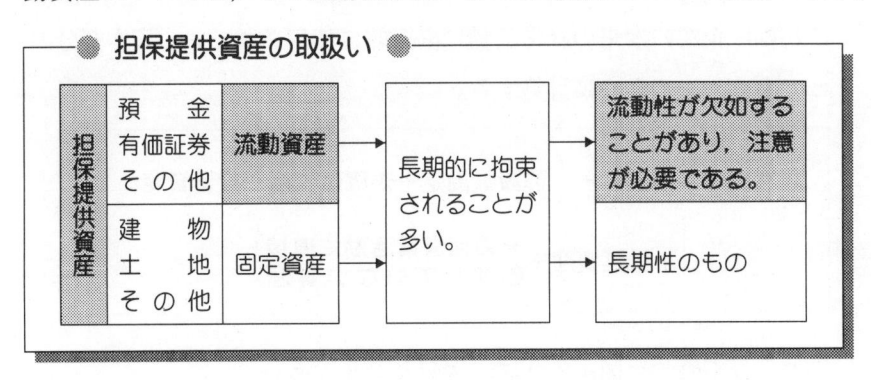

● 担保提供資産の取扱い ●

担保提供資産		流動資産	→	長期的に拘束されることが多い。	→	流動性が欠如することがあり，注意が必要である。
	預　金					
	有価証券					
	その他					
	建　物	固定資産	→		→	長期性のもの
	土　地					
	その他					

9　資本概念

経営分析で使用される主な資本概念（capital concepts：ＣＣ）には，次のようなものがある。

① **自己資本**（owned capital：OC）

これは，**株主資本**（shareholders' capital：SC）や**株主持分**（shareholders' equity：SE）とも呼ばれ，**資本の部の合計額**のことである。

② **他人資本**（borrowed capital：BC）

これは，**負債の部の合計額**のことである。

③ **総資本**（total capital：TC）

これは，**資本総額ないし自己資本と他人資本の合計額**のことである。

　　総資本＝自己資本＋他人資本

④ **正味運転資本**（net working capital：NWC）

これは，**流動資産から流動負債を控除した金額**のことである。

　　正味運転資本＝流動資産－流動負債

⑤ **経営資本**（operating capital：OC）

これは，企業の本来の経営活動に直接的に使用されている資本部分のことであり，次のように計算する。

```
経営資本＝総資本－(建設仮勘定＋未稼働資産＋投資資産
                ＋繰延資産＋その他営業活動に直接
                         参加していない資産)
```

以上の資本概念を図示すれば，次のとおりである。

貸借対照表

```
┌─────────────────────────┬─────────────────────────┐
│     流 動 資 産          │     流 動 負 債          │
│     ④正味運転資本        │                         │  ②他人資本
│  ⑤経 営 資 本           │     固 定 負 債          │         ③総資本
│  その他営業活動に直接     │                         │
│  参加していない資産       │                         │
│  建 設 仮 勘 定          │                         │
│  未 稼 働 資 産          │                         │
│  投 資 資 産            │     資     本           │  ①自己資本
│  繰 延 資 産            │                         │
└─────────────────────────┴─────────────────────────┘
  資           産          負債   資本
```

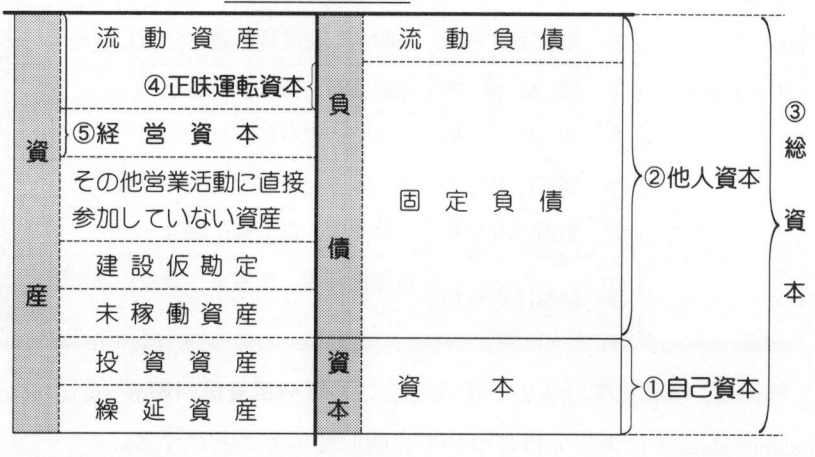

10 貸借対照表の分析手法

貸借対照表を対象として，安全性などの分析のための主な分析手法には，次のようなものがある。

(1) 実数分析

貸借対照表を対象とした実数分析には，例えば，①単純実数分析，②比較貸借対照表分析などの増減分析，③資本回収点分析などの均衡分析などがある。

(2) 比率分析

貸借対照表を対象とした比率分析には，例えば，①構成比率分析，②流動比率などの関係比率分析，③趨勢比率分析などがある。

37

● **貸借対照表の主な分析手法** ●

(1) 実数分析	① 単純実数分析	控除法（正味運転資本分析）など
	② 増 減 分 析	比較貸借対照表分析など
	③ 均 衡 分 析	資本回収点分析など
(2) 比率分析	① 構成比率分析	自己資本比率など
	② 関係比率分析	流動比率，健全性比率など
	③ 趨勢比率分析	負債増減率，総資本（資産）増減率など

　例えば，構成比率分析の一手法としての**百分率貸借対照表**（percentage balance sheet）による分析について説明していくことにする。

　百分率貸借対照表による分析は，会社の財政状態を直感的に分析するのに最も容易な方法である。

　例えば，第1章で示した甲社の貸借対照表を百分率貸借対照表で示した場合には，次のとおりである。

甲社百分率貸借対照表

資産			負債・資本		
現金預金	6	流動資産 40	買掛金等	10	流動負債 30
売掛金等	22		短期借入金等	20	
棚卸資産	4				
その他	8				
有形固定資産	40	固定資産 50	長期借入金	30	固定負債 50
無形固定資産	5		社債	20	
投資その他の資産	5				
		資産 100	資本金等	10	資本 20
			利益剰余金	10	
繰延資産	10				

（注）すべての数字は％を示す。

　この図表によって，流動資産と固定資産との関係，負債と資本の関係，流動負債と固定負債の関係などを一目で理解できる。

　これはさらに，流動資産と流動負債との割合による短期的な流動性の分析，固定資産と資本および固定負債の合計額との割合による長期的な安全性の分析，資本金と利益剰余金の割合による収益性の分析などに展開できるので，とても理解しやすく，かつ有用なものである。

第3章　損益計算書分析

● 損益計算書分析のポイント ●

摘　　要	内　　容
(1) 損益計算書の意義	損益計算書の意義等 　　意義，様式，分析対象項目
(2) 利　　益	① 利益概念 　　売上総利益，営業利益，経常利益，当期純利益 ② 利益の役割 　　経営成績の明示，利益処分の対象など
(3) 損益計算	損益計算の体系 　　損益法，実現主義の原則，発生主義の原則など
(4) 分析手法	損益計算書の分析手法 　　実数分析，比率分析など

1　損益計算書の意義

(1) 意　　義

　前述のように，一期間における企業の**経営成績**すなわちどの位儲かっ
たのかという**業績**としての**利益**を表示するのが，**損益計算書**（profit and
loss statement：P／L）である。

　損益計算書は，**誘導法**（derivative method：帳簿から誘導して財務諸表を
作成する方法のこと），**包括主義**（all‐inclusive concept：一期間に生じたすべ
ての収益・費用を包括的に計算・表示するという考え方のこと）に基づき**損**

益法（損益計算書上でフロー概念である収益から費用を差し引いて利益を計算する方法のこと）によって作成・表示されている。

● 損益計算書の意義 ●

摘　要	内　容
① 意　　　義	一期間の経営成績の明示
② 作 成 方 法	誘導法
③ 考　え　方	包括主義
④ 計 算 方 法	損益法（利益＝収益－費用）

(2) 様　式

損益計算書の様式については，勘定式と報告式がある。

ここで**勘定式**（account form）とは，簿記におけるTフォームと同様に，勘定科目を左右に分けて表示する様式である。他方，**報告式**（report form）とは，上から下に順次書き下ろす様式である。

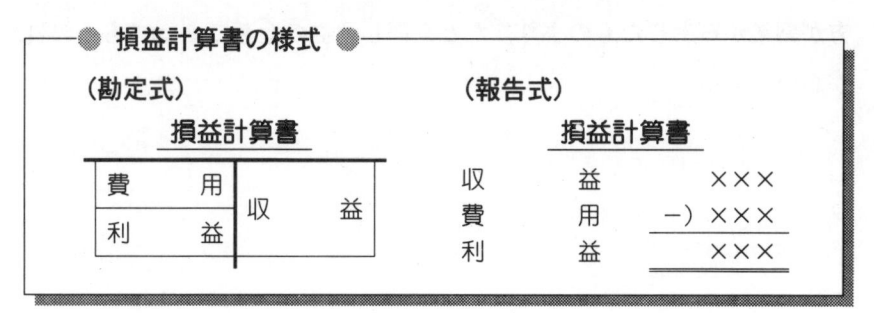

● 損益計算書の様式 ●

（勘定式）

損益計算書

費　用	収　益
利　益	

（報告式）

損益計算書

収　益	×××
費　用	－) ×××
利　益	×××

2　分析対象項目

経営分析上，損益計算書に関連する主な分析対象項目については，次のようなものがある。

なお，損益計算書については，主に**収益性分析**（profitability analysis：PA）がなされ，**企業の繁栄の状況**などが分析される。

なお，注意すべきことは，いくら**売上**（**収益**：revenue）を上げても，儲かったということにはならないことである。それ以上の犠牲としての**費用**（expenses）がかかっていれば，**損失**（loss）となってしまう。さらに，それほど費用がかかっていないとしても，売上によって生じた売掛金・受取手形が最終的に現金で回収されなければ，（貸倒）損失となってしまうのである。

なお，損益計算書については，利益の量（amount of profit：金額）ばかりでなく，**利益の質**（quality of profit）を明らかにするために，**区分表示**（sectional display）によって**損益の発生源泉**を明示することが行われる。これにより，損益計算書は，主たる営業活動以外の活動（副業）により毎期経常的に生じる損益を示す経常損益計算区分および特別な損益を示す純損益計算区分に分けられる。このうち本業から生じた利益の方が副業から生じたものより，たとえ同じ利益の金額であってもその質が高い。

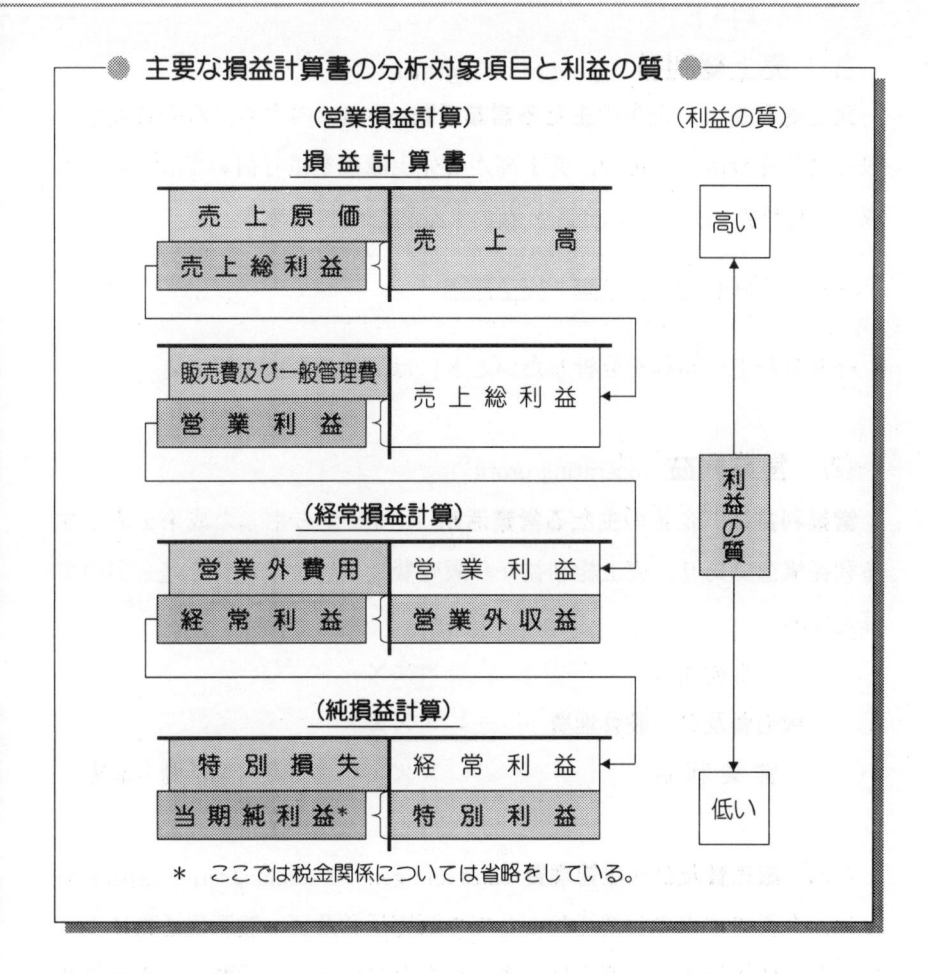

```
●━━ 主要な損益計算書の分析対象項目と利益の質 ━━●
          （営業損益計算）              （利益の質）
              損 益 計 算 書
     ┌──────────────┬──────────────┐
     │   売 上 原 価   │              │    ┌──┐
     ├──────────────┤   売  上  高  │    │高い│
     │   売 上 総 利 益 │              │    └──┘
     └──────────────┴──────────────┘      ▲
     ┌──────────────┬──────────────┐      │
     │ 販売費及び一般管理費│              │      │
     ├──────────────┤   売 上 総 利 益 ←──┤
     │   営 業 利 益   │              │      │
     └──────────────┴──────────────┘    ┌──┐
          （経常損益計算）                │利 │
     ┌──────────────┬──────────────┐    │益 │
     │   営 業 外 費 用 │   営 業 利 益 ←──┤の │
     ├──────────────┤              │    │質 │
     │   経 常 利 益   │   営 業 外 収 益 │    └──┘
     └──────────────┴──────────────┘      │
          （純損益計算）                    │
     ┌──────────────┬──────────────┐      │
     │   特 別 損 失   │   経 常 利 益 ←──┤
     ├──────────────┤              │    ┌──┐
     │  当 期 純 利 益* │   特 別 利 益 │    │低い│
     └──────────────┴──────────────┘    └──┘
     ＊ ここでは税金関係については省略をしている。
```

3 利益概念

　損益計算書では，主に収益性分析がなされるので，ここでは，その中心となる利益概念について見ていくことにする。

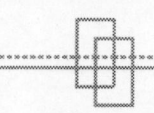

(1) 売上総利益 (gross profit on sales)

売上総利益は，企業の**主たる営業活動**（本業）のうち，販売費及び一般管理費を控除する前の，売上高から売上原価を差し引いて計算される成果（**粗利益**：gross margin）を表示する利益概念である。

> 売上総利益＝売上高－売上原価

経営分析上，粗利を分析したいときには，この数値を用いる。

(2) 営業利益 (operating profit)

営業利益は，企業の**主たる営業活動**（本業）から生じた成果を表示する利益概念であり，売上総利益から販売費及び一般管理費を差し引いて算定する。

```
    売上総利益            ×××
    販売費及び一般管理費  －) ×××
    営 業 利 益          ×××　←主たる営業活動（本業）
                              による損益
```

なお，**販売費及び一般管理費**(sales and general administrative expenses)とは，企業の本来の営業活動としての販売活動及び一般管理活動によって生じる費用であり，例えば，販売員などの給料，交通費，水道光熱費，広告宣伝費，減価償却費，消耗品費，雑費などがある。

経営分析上，本業がどれだけ儲かっているのかを見るときには，この数値により分析する。

(3) 経常利益 (ordinary profit)

経常利益は，企業の**経常的な活動**から生じる成果を示す利益概念であ

り，毎期発生するような収益・費用項目から構成されるものである。

これは，営業利益に営業外収益を加え，そこから営業外費用を差し引いて計算する。

```
営 業 利 益      ×××
営業外収益    ＋）×××
営業外費用    －）×××
経 常 利 益      ×××←経常的な損益で正常な収益力
                      （正常収益力）を表示
```

ここで**経常的**とは，**毎期繰り返し発生**するような性質を持っているという意味である。

なお，この営業外収益・費用は主に**財務（金融）収益**(financial revenue：財務活動から生じる収益)・**財務（金融）費用**（financial cost：財務活動のために生じる費用）から構成されており，例えば，受取利息・配当金，有価証券売却益などの営業外収益と，支払利息，社債発行費償却などの営業外費用がある。

また，この経常利益は，**当期業績主義**（current operating performance theory）による当期純利益に相当するものであり，経営分析上，経常的な利益獲得能力を示す**正常収益力**（normal profitability）を判断するのによく利用される。

(4) 当期純利益 (current net profit)

当期純利益は，企業の一会計期間の**全体としての成果**を表示する利益概念であり，経常的な損益の他に非経常的な損益も含む，**包括主義**に基づく株主の利益すなわち，株主の出資に対するリターンの源泉としての利益である。

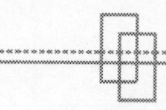

これは，経常利益に特別利益を加え，そこから特別損失を減算し，さらに法人税等（法人税等調整額を含む）を加減して算定する。

経 常 利 益	×××
特 別 利 益	＋）×××
特 別 損 失	－）×××
税引前当期純利益	×××
法 人 税 等	－）×××
法人税等調整額	±）×××
当期純利益	×××

特別損益項目は，**非経常的なもの**つまり臨時的または異常な損益である。

最近では，人・物・金の面での**リストラ**として，余剰人員，過剰設備の削減などによる特別損失が生じることが多くなっている。

これにより，その期は，業績が大きく下がるが，その後はうまく事業が展開できれば，日産自動車（株）のように，業績が急回復（**V字回復**）することもある。

4 利益の役割

企業の経営活動の結果獲得された利益には，次のような役割がある。

● **利益の役割** ●

摘　　要	内　　　　容
① 経営成績の明示	一期間における企業活動という努力の成果としての経営成績を示す指標である。
② 利益処分の対象	株主への配当や役員への賞与として社外流出したり，積立金などとして内部留保の対象となる。
③ キャッシュ・フローの基礎	利益とキャッシュ・(イン)フローとは短期的には不一致であるが，(損益に影響を与えないものを除くと)長期的には一致する。利益が生じれば，長期的にはそれだけキャッシュ・(イン)フローが増える。
④ 存続の基礎	利益を社内に留保すれば，それだけ企業の存続のための基礎となる。
⑤ 成長の基礎	利益は企業の成長のために自由に使える原資である。

5　現行の損益計算の体系

　ここでは，経営分析に必要な基礎知識として現行の損益計算の体系をまとめておくことにする。

　我が国の現行会計は，発生主義会計によっており，基本的には，現金収支の有無にかかわらず，企業資金の運用過程における価値の増減事実の発生時点で収益費用を認識している。ただし，収益の認識は，処分可能な利益の算定という会計目的との関連で基本的には，実現主義の原則によっている。ただし，有価証券などについては発生主義の原則によっている。この場合，利益の計算方法としては，**損益法**（profit and loss method）すなわち一会計期間に属するすべての収益と費用とを対応させて利益を計算する方法によっている。

　この場合，収益の認識は，**実現主義の原則**ないし発生主義の原則に

よっており，収益は，経済価値の増加が実現ないし発生したときに認識される。この**実現収益**（realized revenue）ないし発生収益がその期間の**期間収益**（period revenue）とされる。

他方，費用の認識は，第1段階としては，**発生主義の原則**によっており，費用は，経済価値の減少が発生したときに認識される（このようにして計上された費用を**発生費用**という）。そして第2段階として実現収益と対応されるべき費用については，このようにして認識された発生費用がすべてその期間の費用となるのではなく，そのうち当期の収益に対応する部分のみがその期間の費用（**期間費用**：period expenses）となり，残りの部分は次期の費用とするために繰り越される。このように，発生費用を当期の費用と次期のそれとに分ける**費用の期間帰属決定原則**を**費用収益対応の原則**という。

また，**収益の測定**は，**取引価額主義**（**収支額主義**ともいう）すなわち取引価額または公正価値によっており，具体的には，取引による**収入額**などを基礎として行われる。

他方，**費用の測定**も，**取引価額主義**または公正価値によっており，具体的には，取引による**支出額**などを基礎として行われる。

以上の関係を図示すれば，次のとおりである。

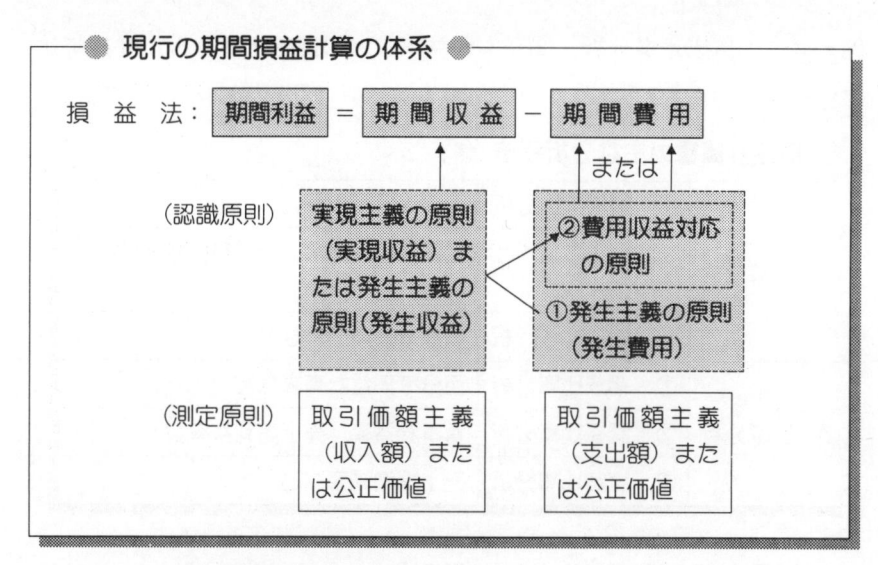

```
┌─── ● 現行の期間損益計算の体系 ● ──────────────┐
│                                                              │
│  損 益 法： ┌期間利益┐ = ┌期 間 収 益┐ − ┌期 間 費 用┐  │
│            └──────┘    └────↑────┘    └────↑────┘  │
│                                        または             │
│                        ┌─────────┐ ┌─────────────┐     │
│  （認識原則）         │実現主義の原則│ │②費用収益対応 │     │
│                        │（実現収益）ま│ │  の原則      │     │
│                        │たは発生主義の│ └─────────────┘     │
│                        │原則(発生収益)│ ┌─────────────┐     │
│                        └─────────┘ │①発生主義の原則│     │
│                                        │（発生費用）  │     │
│                                        └─────────────┘     │
│                                                              │
│  （測定原則）         ┌─────────┐ ┌─────────┐     │
│                        │取引価額主義 │ │取引価額主義 │     │
│                        │（収入額）また│ │（支出額）また│     │
│                        │は公正価値   │ │は公正価値   │     │
│                        └─────────┘ └─────────┘     │
└──────────────────────────────────────────┘
```

（出所）　岩崎　勇『基本財務諸表論』中央経済社，41頁。

6　損益計算書の分析手法

　損益計算書の分析は，企業の収益性分析を中心として行われる。
　この際に使用される主な分析手法としては，例えば，次のようなものがある。

(1)　実 数 分 析

　損益計算書上で示される金額そのものを用いて経営分析を行う実数分析としては，例えば，①単純実数分析，②比較損益計算書分析などの増減分析，③損益分岐点分析などの均衡分析などがある。

(2)　比 率 分 析

　損益計算書から計算される比率を用いて分析を行う比率分析としては，

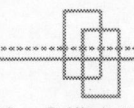

例えば，①構成比率分析，②資本利益率などの関係比率分析，③趨勢比率分析などがある。

● **損益計算書の主な分析手法** ●

(1) 実数分析	①	単純実数分析	―
	②	増 減 分 析	比較損益計算書分析，利益増減分析など
	③	均 衡 分 析	損益分岐点分析など
(2) 比率分析	①	構成比率分析	百分率損益計算書など
	②	関係比率分析	資本利益率，売上高利益率など
	③	趨勢比率分析	売上高増減率など

7 損益計算書分析の基礎

ここでは，損益計算書を用いて簡単な経営分析を行っていきたい。

(1) 実数分析と比較分析

① 単純実数分析

損益計算書上で収益性を分析するときの出発点は，まず**実数としていくら儲かったかを分析**（**単純実数分析**）することである。

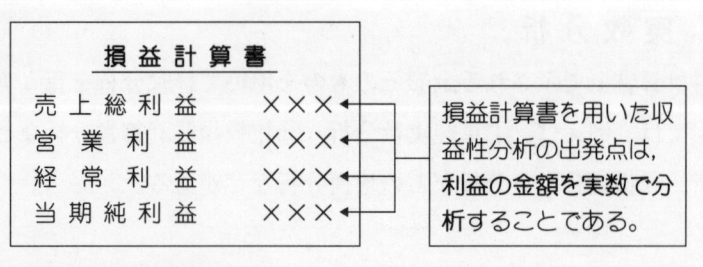

```
        損 益 計 算 書
    売 上 総 利 益     × × ×  ←
    営 業 利 益       × × ×  ←    損益計算書を用いた収
    経 常 利 益       × × ×  ←    益性分析の出発点は，
    当 期 純 利 益     × × ×  ←    利益の金額を実数で分
                                    析することである。
```

② 期間比較（利益増減分析）

損益計算書上で収益性分析を行うのに最もよく用いられる手法の一つ

は，その企業の前年の利益数値と当期のそれとを比較して，業績が上向いているのか下降しているのかを分析する**期間比較**としての**利益増減分析**である。

これにより企業の業績の趨勢が分析できる。

● 利益増減分析 ●

摘 要	利 益	前 期	当 期	増 減	判 定
ケース①	当期純利益	100	200	+100	業績は上昇傾向。良好
ケース②	当期純利益	100	100	0	業績は前年と同じ。現状維持
ケース③	当期純利益	100	50	−50	業績は下降傾向。危機的

なお，この期間比較は，実数比較の他に，比率比較の形でも行うことが好ましい。

③ 企業間比較

前述の期間比較と並んで，損益計算書の分析でよく用いられる手法の一つは，同業他社の利益数値とを比較する企業間比較である。

これにより，同業他社と比較して，自社の強みや弱みそして収益性が高いのか否かの分析ができる。

● 企業間比較 ●

摘 要	他 社	当 社	差 額	判 定
営業利益	200	300	+100	本業からの利益は当社が多い
経常利益	100	150	+50	当社は営業外費用がかかりすぎているなど
当期純利益	100	80	−20	当社は特別損失が多く，最終利益が低いなど

なお，企業間比較は，実数比較の他に，比率比較の形でも行うことが

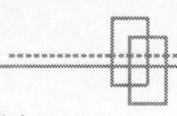

好ましい。

(2) 利益の詳細分析

次に，ここでは，損益計算書上の各利益の数値をより深く分析することにする。

① 売上総利益

売上総利益は，本業としての個別取引により稼得した粗利益の合計額である。

期間比較などによって，売上総利益に大きな変化が生じているときには，その原因を分析する必要がある。

> 売上－売上原価＝売上総利益

売上総利益は，上式のように計算できるので，その原因も**売上**と**売上原価**に分解できる。

まず，可能な場合には，**売上**が**増加・減少した原因**を，その構成要素である（販売）**数量**と（販売）**単価**とに分け，どちらの原因によるのかを分析する。

> 販売数量×販売単価＝売上高

ともに同業者との競争，新製品の登場，販売政策の変更などにより大きく影響を受ける。また，販売単価（価格）は市場において決定されることが多く，一般に自社で自由にそれを決定できるわけではない。

次に，可能な場合には，売上原価が増加・減少した原因を，その構成要素である仕入数量と仕入単価とに分け，どちらの原因によるのかを分析する。

```
仕入数量*×仕入単価*=売上原価
```
　　　* 売上に対応する部分についてのもの

　仕入単価については，その会社が仕入先に対してどの位大きな影響力を行使しうるかで大きく変わってくる。

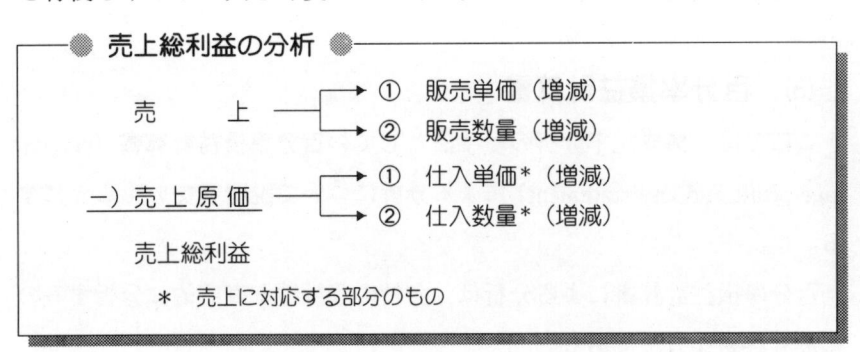

●──● 売上総利益の分析 ●──────────────────

売　　上 ──→ ① 販売単価（増減）
　　　　 ──→ ② 販売数量（増減）

－）売上原価 ──→ ① 仕入単価*（増減）
　　　　　　 ──→ ② 仕入数量*（増減）

売上総利益
　　* 売上に対応する部分のもの

　なお，売上と売上原価とは，数量的には，**個別的な対応（比例）関係**がある。

② **営 業 利 益**

　営業利益は，売上総利益から販売費及び一般管理費を差し引いた本業からの利益である。

　期間比較などによって，営業利益に大きな変化が生じているときには，その原因を分析する必要がある。

```
売上総利益－販売費及び一般管理費＝営業利益
```

　まず，売上総利益の増減については，前述のように分析する。
　次に，販売費及び一般管理費については，その構成要素である個別の費目の増減変化を調べ，大きな変動の原因を分析する。
　なお，販売費及び一般管理費には，例えば，荷造発送費などのように，

売上高などの増減に伴って，比例的に増減するような**変動費的な性質**のものと，例えば，人件費や減価償却費などのように，売上高などの増減にかかわらず毎期一定額発生する**固定費的な性質のもの**とがある。一般的には，売上高と個別的な対応関係は認められないが，**期間的な対応関係**のある**固定費的な性質のもの**が少なくない。

(3) 百分率損益計算書

ここでは，構成比率分析の一手法としての**百分率損益計算書**（percentage profit and loss statement）による分析について説明していくことにする。

百分率損益計算書による分析は，会社の収益性を直感的に分析するのに最も容易な方法である。

例えば，第1章で示した甲社の損益計算書を百分率損益計算書で表示した場合には，次のとおりである。

甲社百分率損益計算書

売 上 原 価　50	売 上 高　100*1
販売費及び一般管理費　30	
営 業 外 費 用　20	
特 別 損 失　10	営 業 外 費 用　10
法 人 税 等*2　5	特 別 利 益　10
当 期 純 利 益　5	

＊1　すべての数字は％を示している。
＊2　法人税等調整額を含む。

　この図表によって，売上高と売上原価の関係，売上高と販売費及び一般管理費の関係，営業外収益と営業外費用の関係，特別利益と特別損失の関係などを一目で理解できる。

　さらに，これは，売上高と営業利益などの割合や資本と利益の割合などによる収益性の分析に展開できるので，理解しやすく，かつ有用なものである。

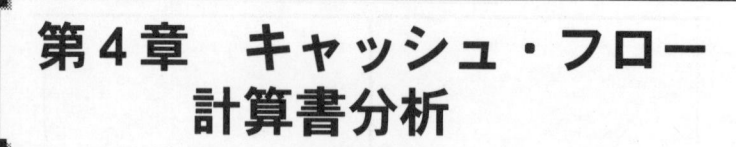

第4章 キャッシュ・フロー計算書分析

● キャッシュ・フロー計算書分析のポイント ●

摘　　　要	内　　　　　容
(1) キャッシュ・フロー計算書の意義	キャッシュ・フロー計算書の意義等 　　意義，資金概念
(2) 区　　　分	キャッシュ・フロー計算書の区分 　　営業キャッシュ・フロー，投資キャッシュ・フロー，財務キャッシュ・フロー
(3) キャッシュと利益	キャッシュと利益 　　両者の関係
(4) キャッシュ・フロー計算書分析	キャッシュ・フロー計算書分析 　　目的，分析視点，百分率キャッシュ・フロー計算書など

1　キャッシュ・フロー計算書の意義

(1) 意　　義

　企業の一期間におけるキャッシュ（現金）のフロー（収支）の状況を一定の活動区分別に明示し，キャッシュの期首残高，期中変動額および期末残高を示したのが**キャッシュ・フロー計算書**（cash flow statement：CFS）である。

　キャッシュ（現金）は，人間の血液に喩えられるものなので，血液検査と同様に，企業の作成したキャッシュ・フロー計算書によってキャッ

シュの動きを分析することで、企業の経営状況（健康状態）が分析できる。

● **キャッシュ・フロー計算書** ●

```
期首          期中          期末
 |─────────────────────────|──→
     一期間におけるキャッシュ・フローの状況→キャッシュ・フロー計算書
```

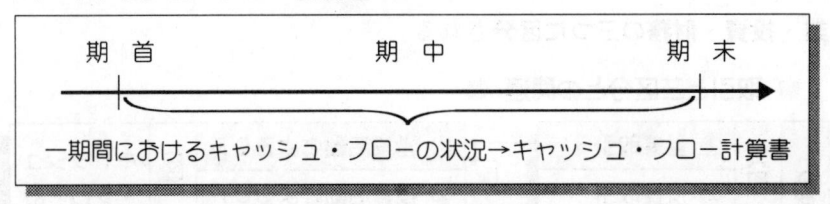

(2) 資金概念

キャッシュ・フロー計算書における**資金概念**は、**現金及び現金同等物概念**であり、具体的には、次のようなものが含まれる。

● **資金概念** ●

資金概念	現金（概念）	現　金	手許現金，要求払預金（当座預金，普通預金など）	
		現　金同等物	① 容易な換金可能性 ② 価格変動リスク僅少性 ③ 短期投資（3カ月基準）	・（短期）定期預金 ・（短期）受取手形 ・（短期）公社債投資 　など

なお、**現金**（cash）には、通貨の他に一定の期間を経ることなく引き出せる当座預金や普通預金などの**要求払預金**が含まれる。

また、**現金同等物**（cash equivalents）には、容易に換金可能であり、価格変動リスクが低く、短期（3カ月以内）的な投資が含まれる。すなわち、具体的には、短期の定期預金、短期の受取手形、短期のコマーシャル・ペーパー（commercial paper：CP）、短期の公社債投資などがこれに含まれる。

2 区　分

キャッシュ・フロー計算書は，企業が営む事業活動の種類により，**営業・投資・財務の三つに区分**される。

● 取引と三区分との関連 ●

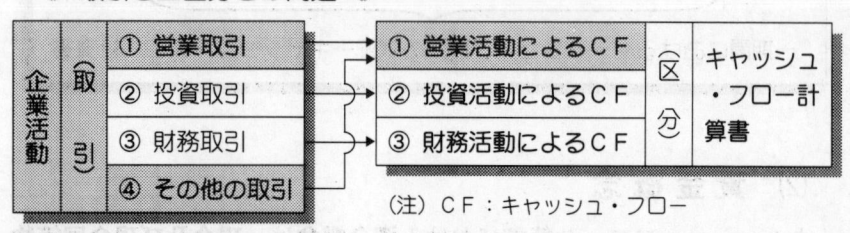

企業活動	取引	① 営業取引	→	① 営業活動によるCF	区分	キャッシュ・フロー計算書
		② 投資取引	→	② 投資活動によるCF		
		③ 財務取引	→	③ 財務活動によるCF		
		④ その他の取引				

（注）CF：キャッシュ・フロー

(1) 営業キャッシュ・フロー

主たる営業活動と，投資活動および財務活動以外の取引によりどの位のキャッシュ・フローがあり，その結果としてどの位のキャッシュ・フローを獲得したかを示すものが**営業キャッシュ・フロー**（operating cash flow：**営業活動によるキャッシュ・フロー**）である。

これは，**キャッシュ・フロー経営**において最も重視され，このプラスの収支尻の確保・最大化が最重要目標の一つとされる。

これは，企業の**現金創出能力**（cash-generating capability）を評価するのに利用される。

● 営業キャッシュ・フローの主要項目 ●

摘　　要	具　体　例
① 売上などの営業収入	売上収入など
② 商品仕入れなどの支出	商品仕入れ支出など
③ 販売及び一般管理活動に伴って生じる営業支出	広告費支出，給料支出など

(2) 投資キャッシュ・フロー

企業が将来において利益を獲得する目的で、どれだけ種々の資産に投資し、回収したかに関連するキャッシュ・フローが**投資キャッシュ・フロー**（investment cash flow：**投資活動によるキャッシュ・フロー**）である。これには、次のようなものが含まれる。

● 投資キャッシュ・フローの主要項目 ●

摘　　要	具　体　例
① 証券投資のキャッシュ・フロー	有価証券・投資有価証券の取得支出など 有価証券・投資有価証券の売却収入など
② 設備投資のキャッシュ・フロー	有形・無形固定資産の取得支出など 有形・無形固定資産の売却収入など
③ 融資のキャッシュ・フロー	貸付金の回収など 貸付金支出など

(3) 財務キャッシュ・フロー

企業の営業・投資活動を維持するために、これらの**資金収支の過不足の調整弁**として、不足資金が調達され、余剰資金が返済されることによって、どの位（狭義の）財務活動からキャッシュ・フローが生じたかを示すのが、**財務キャッシュ・フロー**（financial cash flow：**財務活動によるキャッシュ・フロー**）である。

これには、次のようなものが含まれる。

● 財務キャッシュ・フローの主要項目 ●

摘　　要	具　体　例
① 借入金のキャッシュ・フロー	借入れ収入など 借入金の返済支出など
② 社債のキャッシュ・フロー	社債の発行収入など 社債の償還支出など
③ 株式のキャッシュ・フロー	株式の発行収入など 株式の買入れ支出など
④ 利息・配当金のキャッシュ・フロー	支払利息・配当金の支払いなど （なお，支払利息を営業活動に表示する方法もある）

3　キャッシュと利益の関係

　利益と（ネット・）キャッシュ（・インフロー）の関係は，基本的には，無関係なものないし相互排他的なものではなく，相関関係にある。つまり，一般的に利益が多い企業ほど，キャッシュ・フロー（収支尻）も多くなる。より厳密にいえば，損益に関連しないキャッシュ・フローを除けば，長期では一致するが，短期（1年）の期間計算では，両者は一致することは稀れで，むしろ相違することが通常である。

● キャッシュと利益の計算構造 ●

収益－費用＝利益　（損益計算書）
収入－支出＝（ネット）キャッシュ　（キャッシュ・フロー計算書）

● 利益と（ネット・）キャッシュ（・インフロー）の関係 ●

利益と（ネット・）キャッシュ（・インフロー）* との関係	長　期	一致する
	短　期	相違する

＊ 損益に関連しないキャッシュ・フローを除く。

● 発生主義会計情報とキャッシュ・フロー情報の関係 ●

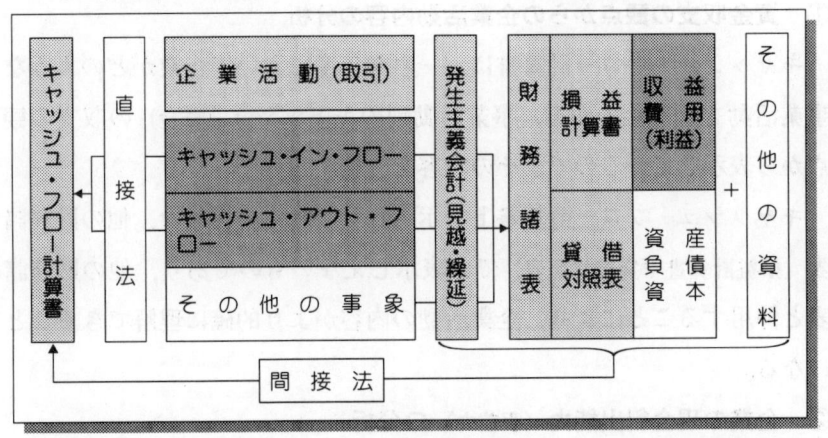

（出所）　岩崎　勇『キャッシュ・フロー計算書の読み方・作り方』税務経理協会，5頁。

　現行の発生主義会計の下では，現金収支の有無（キャッシュ・フローを伴うか否か）にかかわらず，その期間の経済価値の増減の発生（ないし実現）に基づく見越・繰延によって収益・費用およびそれに関連する資産・負債（・資本）を計上している。このようにして認識した損益計算書項目・貸借対照表項目を**発生項目**（accrual items）という。その結果，短期間においては，発生主義会計情報とキャッシュ・フロー情報との間に差異が生じることとなる。

4 キャッシュ・フロー計算書分析

(1) 分析目的

キャッシュ・フロー計算書の主要な分析目的には，次のようなものがある。

① 資金収支の観点からの企業活動内容の分析

キャッシュ・フロー計算書は，一事業年度において企業がどのような事業活動を行ったのかを，事業活動別のキャッシュ（資金）の収支の観点から表示しているので，その内容を分析する。

キャッシュ・フロー計算書上で示されるこれらの情報は，他の財務諸表（損益計算書や貸借対照表）では表示しえないものであり，他の財務諸表と併用することにより，企業活動の内容がより的確に理解できることになる。

② 企業の現金創出能力（収益力）の分析

三区分表示されるキャッシュ・フロー計算書は，企業が営業活動（および投資活動）によってどの位現金（キャッシュ）を獲得する能力（現金創出能力）があるかを評価するために有用な情報を提供しているので，その内容を分析する。

なお，この現金創出能力（収益力）は，主に営業活動によるキャッシュ・フロー（いわゆる営業キャッシュ・フロー）に結びついており，キャッシュ・フロー経営では，この営業キャッシュ・フローないしそれを基礎として計算されるフリー・キャッシュ・フローを最も重視している。

③ 利益の質の分析

間接法による場合には，会計上の利益金額と営業キャッシュ・フロー

(収支尻)との差異の原因が明示される。それゆえ,これによって利益がキャッシュ・フローによりどの位裏付けられているか,言い換えれば,利益の質を評価(分析)する。

④ **配当金の支払能力の分析**

区分表示方式のキャッシュ・フロー計算書によって,企業が営業活動などからどの位の正味現金(キャッシュ)収入額があり,その結果どの位配当金の支払いなどに回せるキャッシュがあるかを評価(分析)する。

⑤ **債務返済能力の分析**

区分表示方式のキャッシュ・フロー計算書によって,企業が営業活動などからどの位の正味現金収入額があり,その結果どの位債務の返済能力があるかを評価(分析)する。

⑥ **資金調達の必要性の分析**

区分表示方式のキャッシュ・フロー計算書によって,企業が営業活動などからどの位の正味現金収入額があり,その結果どの位の資金調達が必要か(ないし債務の返済が可能か)を評価(分析)する。

なお,資金の過剰・不足の調整は,財務活動によるキャッシュ・フローで行われる。また,キャッシュ・フロー経営の観点からは無借金経営が理想とされ,財務活動によるキャッシュ・フローはゼロまたはマイナスが望ましい状況とされる。

以上のことをまとめて図示すれば,次のとおりである。

● キャッシュ・フローの評価（分析）の仕方 ●

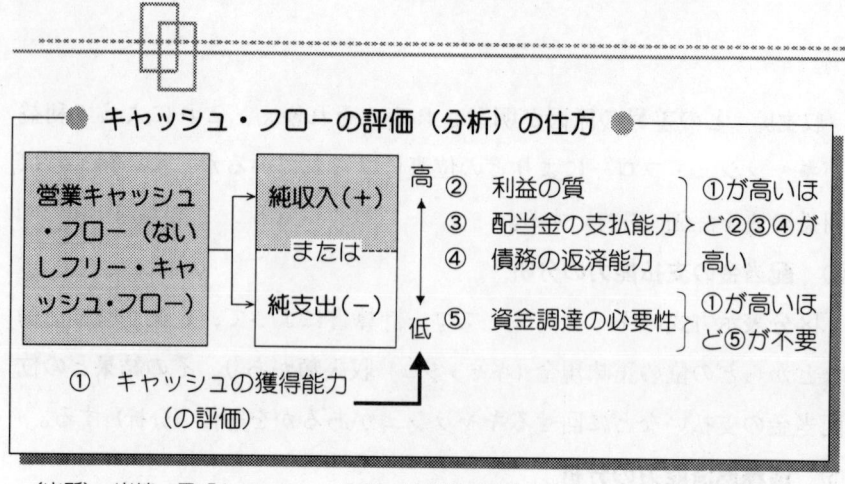

```
営業キャッシュ       純収入（+）      高  ②  利益の質        ┐①が高いほ
・フロー（ない   →   または         ↑   ③  配当金の支払能力 ┝ど②③④が
しフリー・キャ       純支出（-）     ↓   ④  債務の返済能力  ┘高い
ッシュ・フロー）                    低
                                        ⑤  資金調達の必要性  ┐①が高いほ
                                                              ┘ど⑤が不要
     ①  キャッシュの獲得能力
         （の評価）
```

（出所）　岩崎　勇『キャッシュ・フロー計算書の読み方・作り方』税務経理協会，20頁。

　ここで，損益計算書上の利益との関係を含めて，キャッシュ・フロー計算書の総合的な分析視点を示せば，次のとおりである。

● キャッシュ・フロー計算書の分析視点 ●

パターン		損益計算書	キャッシュ・フロー計算書			摘要
			営業CF	投資CF	財務CF	
好ましい ↓ 好ましくない	①	利益	＋	＋	－*2	P／L上利益が上がり，かつ，営業CF，投資CFともプラスであるので，好ましい。
	②	利益	＋	－*1	＋*2	利益が計上されており，営業CFがプラスであるが，投資CFがマイナスなので，投資CFの内容を検討する必要がある。
	③	利益	－	－*1	＋*2	利益が計上されているが，営業CFがマイナスなので，黒字倒産の可能性がある。
	④	損失	－	－*1	＋*2	利益も営業CFもマイナスなので，いつ倒産してもおかしくない。

(注) ＋：プラス，－：マイナス，CF：キャッシュ・フロー，P／L：損益計算書
＊1 投資CFがマイナスであるということが，必ずしも悪いこととは限らない。
＊2 財務CFの－（マイナス）は返済を意味し，＋（プラス）は借入れなどの資金調達を意味する。
(出所) 岩崎 勇『キャッシュ・フロー計算書の読み方・作り方』税務経理協会，182頁。

(2) 百分率キャッシュ・フロー計算書

　企業の営業活動による収入（営業収入）を100とし，その他の項目をこれに対する百分率（%）で表示したキャッシュ・フロー計算書が**百分率キャッシュ・フロー計算書**（percentage cash flow statement）である。
　これを利用することにより，同一企業の期間比較や他企業との企業間比較が容易に行える。

経営分析の基礎

第2編

- 第5章　経営分析の意義と種類
- 第6章　経営分析の目的とルール
- 第7章　分析方法

第5章 経営分析の意義と種類

● 経営分析の意義等のポイント ●

摘　　要	内　　容
(1) 経営分析の意義	① 経営と経営分析 ② 分類 　財務分析，非財務分析
(2) 分析上の比較	経営分析での比較 　期間比較，企業間比較，統計間比較
(3) 体　系	経営分析の体系 　目的，主体，方法，資料
(4) 様　式	財務諸表の様式 　貸借対照表，損益計算書，利益処分計算書，キャッシュ・フロー計算書

1　経営分析の意義

(1) 経営と経営分析

　前述のように，株主は資本を経営者に委託し，うまく運用してもらい，利益の分配を受けることなどを期待している。

　この場合，経営者が本当にうまく会社を経営しているのか否かを分析する必要がある。

　このように，会社の内部・外部の**利害関係者**（interested party：会社に対して利害得失の関係のある人々のこと）が，その会社の経営の状況を，そ

の企業に関連する定量的・定性的な情報に基づいて分析することを**経営分析**（business analysis：ＢＡ）という。

すなわち，経営分析は，会社の**健康診断**（medical examination：ＭＥ）に相当するもの（**企業診断**）ということができる。この健康診断（経営分析）の結果に基づいて，利害関係者はその企業（及び経営者）に関して**経済的意思決定**（economic decision：ＥＤ）を行うこととなる。

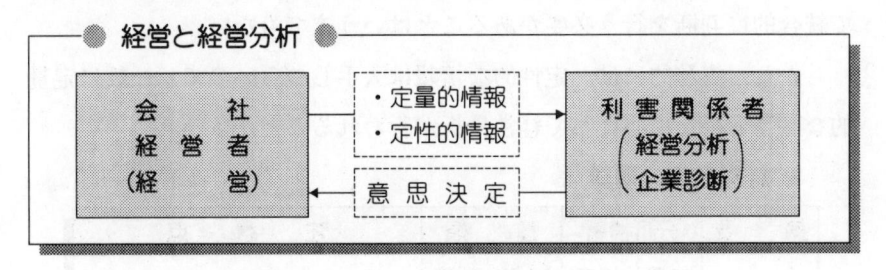

● 経営と経営分析 ●

```
┌─────────────────────────────────────────────┐
│ ┌─────────┐  ・定量的情報  ┌─────────┐ │
│ │ 会  社  │  ・定性的情報  │利害関係者│ │
│ │ 経 営 者 │ ─────────→  │ (経営分析)│ │
│ │ (経  営) │ ←─意思決定─  │ (企業診断)│ │
│ └─────────┘              └─────────┘ │
└─────────────────────────────────────────────┘
```

2 経営分析の分類

会社の経営状況を分析する経営分析には，それが定量的な分析か否かという観点から，次の二つのものに分けられる。

① **財務分析（定量的分析）**

会社の経営状況の良否を，財務諸表やその他の財務資料という定量的情報を用いて分析するものを**財務分析**（financial analysis），**定量的分析**（quantative analysis）ないし**財務諸表分析**（financial statements analysis）と呼び，これは経営分析の中心を占めるものである。

これは，血液検査，心電図，血圧などの検査数値を用いて健康状態を判断するのと同様のものである。

② **非財務分析（定性的分析）**

会社の経営状況の良否を，例えば，経営者や従業員の資質，労使関係，

購入・販売能力，資金調達能力，研究開発能力などの定性的な情報を用いて分析するものを**非財務分析**（non‐financial analysis）ないし**定性的分析**（qualitative analysis）という。

これは，医師が患者に，種々の問診をしたり，顔色などを見ながら健康状態の判断を行うのと同様のものである。

適切な経営分析を行うためには，定量的と定性的な情報の双方を用いて統合的に判断を行う必要があることはいうまでもない。

しかし，実務的には，定性的な情報は入手しづらいので，一般に定量的な財務分析を中心として経営分析が行われることが多い。

● **経営分析の種類** ●

摘　要	分析情報	種　類	注　意　点
（広義の）経営分析	定量的情報	財務分析	双方を用いて統合的に判定する
	定性的情報	非財務分析	

3　経営分析での比較

企業のある期の経営状況を，その期だけの情報で判断することは，最適な分析とはならない。むしろ当期の数値を**相対化**し（make it relative），より適切な分析を行うために，次のような比較を行うべきである。

① **期間比較**

これは，同一企業の前期の数値等と比較（**時系列分析**：time series analysis）するものである。

これにより，前期と比較して状況（症状）が改善したのか，悪化したのかなどの判断ができる。

② 企業間比較

これは，例えば，トヨタ自動車（株）と日産自動車（株）との比較のように，同業他社との間で比較するものである。

ここで，注意すべきことは，例えば，製鉄業である新日本製鐵（株）と銀行業である三井住友銀行（株）の比較のような異業種との比較は，ほとんど意味がないか，むしろ誤解を与えることがあるので注意が必要である。

③ 統計間比較

これは，種々の企業全体ないし同業種の経営指標に関する統計数値とその企業との比較を行うものである。

これは，例えば，5歳の子供の平均的な身長は○○cmから△△cmの間であり，これと比較して，特定の子供の背が高い（低い）と判断するようなものである。

● 経営分析上の比較 ●

摘　　　要	内　　　容
① 期　間　比　較	同一企業の前期数値との比較
② 企　業　間　比　較	同業他社との比較
③ 統　計　間　比　較	統計数値との比較

4　経営分析の体系

(1) 経営分析の体系

会社の経営状況の分析を行うときに，その分析の目的，主体，方法，対象などの観点からそれらの体系を理解しておくことが重要である。

ここで，これらの重要なものの体系を示せば，次のとおりである。

● 経営分析の体系 ●

摘要		内容
(1) 分析目的	① 収益性分析	資本利益率分析，売上高利益率分析，損益分岐点分析など
	② 安全性分析	支払能力分析，資金効率分析，財務構造分析など
	③ 生産性分析	付加価値（生産性）分析，労働生産性分析，資本生産性分析など
	④ 成長性分析	利益成長性分析，売上高成長性分析，総資本成長性分析など
(2) 分析主体	① 内部分析	経営管理者の見地から企業の総合的評価，生産性向上，資金効率などの経営管理・経営計画のための分析
	② 外部分析 ・投資者分析 ・債権者分析 ・監査人分析 ・官庁分析	収益性や安全性分析 安全性や収益性分析 財務諸表の適法・適正表示の観点からの分析 行政指導・料金決定などの観点からの分析
(3) 分析方法	① 実数法	利益増減分析，損益分岐点分析，資金計算書分析など
	② 比率法	構成比率法分析，関係比率法分析，趨勢比率法分析など
	③ 総合評価法	指数法分析，レーダー・チャート法分析，象形法分析など
(4) 分析資料	① 損益計算書分析	実数法や比率法などによる分析
	② 貸借対照表分析	実数法や比率法などによる分析
	③ キャッシュ・フロー計算書分析	キャッシュ・フローの状況の分析

(2) 分析資料

経営分析を行う場合の資料(情報)としては、①**財務資料(情報)**(financial data：財務に関連する資料ないし情報のこと)と②**非財務資料(情報)**(non - financial data：財務以外の資料ないし情報のこと)がある。これには、例えば、次のようなものがある。

● 分析資料 ●

	種　類	内　　　容	
		確　定　決　算	中　間　決　算
財務資料（情報）	①個　　別	損益計算書 貸借対照表 キャッシュ・フロー計算書 利益処分計算書 附属明細表	中間損益計算書 中間貸借対照表 中間キャッシュ・フロー計算書
	②連　　結	連結損益計算書 連結貸借対照表 連結キャッシュ・フロー計算書 連結剰余金計算書	中間連結損益計算書 中間連結貸借対照表 中間連結キャッシュ・フロー計算書
	③その他	その他の財務情報	
非財務資料（情報）	①　会社の概況　　②　事業の概況　　③　営業の状況 ④　設備の状況　　⑤　その他の非財務情報		

(3) 財務諸表の様式

● 様式第二号（一部修正） ●

【貸借対照表】

（資産の部）		
Ⅰ 流動資産		
現金及び預金		×××
受取手形	×××	
貸倒引当金	×××	×××
売掛金	×××	
貸倒引当金	×××	×××
有価証券		×××
商　　　品		×××
製　　　品		×××
半　製　品		×××
原　材　料		×××
仕　掛　品		×××
貯　蔵　品		×××
繰延税金資産		×××
未　収　収　益		×××
短期貸付金	×××	
貸倒引当金	×××	×××
未　収　入　金		×××
…………………		×××
流動資産合計		×××
Ⅱ 固定資産		
1 有形固定資産		
建　　　物	×××	
減価償却累計額	×××	×××
機械及び装置	×××	
減価償却累計額	×××	×××
…………………		×××
土　　　地		×××
建設仮勘定		×××
有形固定資産合計		×××

```
   2  無形固定資産
        営　業　権                    ×××
        借　地　権                    ×××
        鉱　業　権                    ×××
        ……………………                    ×××
           無形固定資産合計           ×××
   3  投資その他の資産
        投資有価証券                  ×××
        関係会社株式                  ×××
        長期前払費用                  ×××
        繰延税金資産                  ×××
        投資不動産          ×××
         減価償却累計額    ×××       ×××
        ……………………                    ×××
           投資その他の資産合計        ×××
           固定資産合計               ×××
Ⅲ  繰延資産
        創　立　費                    ×××
        開　業　費                    ×××
        新株発行費                    ×××
        ……………………                    ×××
           繰延資産合計               ×××
           資　産　合　計             ×××
（負債の部）
Ⅰ  流動負債
        支払手形                      ×××
        買　掛　金                    ×××
        短期借入金                    ×××
        未　払　金                    ×××
        未払法人税等                  ×××
        繰延税金負債                  ×××
        前　受　金                    ×××
        引　当　金                    ×××
         修繕引当金        ×××
        ……………………          ×××       ×××
```

…………			×××
流動負債合計			×××
Ⅱ　固定負債			
社　　　　債			×××
長　期　借　入　金			×××
長　期　未　払　金			×××
繰延税金負債			×××
引　　当　　金			×××
退職給付引当金	×××		
…………	×××	×××	
固定負債合計			×××
負　債　合　計			×××
（資本の部）			
Ⅰ　資　本　金			×××
Ⅱ　資本剰余金			
1　資本準備金		×××	
2　その他資本剰余金			
自己株式処分差益		×××	
…………		×××	
資本剰余金合計			×××
Ⅲ　利益剰余金			
1　利益準備金		×××	
2　任意積立金			
中間配当積立金		×××	
…………		×××	
3　当期未処分利益（又は当期未処理損失）		×××	
利益剰余金合計			×××
資　本　合　計			×××
負債資本合計			×××

● 様式第三号（一部修正）●

【損益計算書】

Ⅰ	売 上 高		×××
Ⅱ	売 上 原 価		
	1　商品（又は製品）期首たな卸高	×××	
	2　当期商品仕入高（又は当期製品製造原価）	×××	
	合　　　計	×××	
	3　商品（又は製品）期末たな卸高	×××	×××
	売上総利益（又は売上総損失）		×××
Ⅲ	販売費及び一般管理費		
	…………………	×××	
	…………………	×××	×××
	営業利益（又は営業損失）		×××
Ⅳ	営業外収益		
	受取利息及び割引料	×××	
	有価証券利息	×××	
	受取配当金	×××	
	投資不動産賃貸料	×××	
	…………………	×××	×××
Ⅴ	営業外費用		
	支　払　利　息	×××	
	社　債　利　息	×××	
	社債発行差金償却	×××	
	社債発行費償却	×××	
	…………………	×××	×××
	経常利益（又は経常損失）		×××
Ⅵ	特 別 利 益		
	前期損益修正益	×××	
	固定資産売却益	×××	
	…………………	×××	×××
Ⅶ	特 別 損 失		
	前期損益修正損	×××	
	固定資産売却損	×××	
	…………………	×××	×××

税引前当期純利益（又は税引前当期純損失）		×××
法人税，住民税及び事業税	×××	
法人税等調整額	×××	×××
当期純利益（又は当期純損失）		×××
前期繰越利益（又は前期繰越損失）		×××
中間配当積立金取崩額		×××
中間配当額		×××
中間配当に伴う利益準備金積立額		×××
当期未処分利益（又は当期未処理損失）		×××

● **様式第六号（一部修正）** ●

【利益処分計算書】

当期未処分利益の処分		
Ⅰ	当期未処分利益	×××
Ⅱ	利益処分額*2	
	利益準備金	×××
	配当金*1	×××
	役員賞与金	×××
	任意積立金	×××
	その他	×××
Ⅲ	次期繰越利益	×××
その他資本剰余金の処分		
Ⅰ	その他資本剰余金	×××
Ⅱ	その他資本剰余金処分額*2	
	配当金	×××
	その他	×××
Ⅲ	その他資本剰余金	×××
	次期繰越高	×××

（当期未処分利益の処分〜Ⅲ 次期繰越利益）本来の利益の処分（return on capital）に関する部分

（その他資本剰余金の処分〜次期繰越高）（利益の処分でなく）資本の返還（return of capital）に関する部分

* 1 dividend（利益の配当）
* 2 distribution（利益および資本の分配）

● **様式第四号(一部修正)** ●

【キャッシュ・フロー計算書】(直接法) (単位:円)

Ⅰ 営業活動によるキャッシュ・フロー	
営　業　収　入	×××
原材料又は商品の仕入れによる支出	－×××
人　件　費　の　支　出	－×××
その他の営業支出	－×××
小　　　　計	×××
利息及び配当金の受取額	×××
利　息　の　支　払　額	－×××
損害賠償金の支払額	－×××
………………………	×××
法人税等の支払額	－×××
営業活動によるキャッシュ・フロー	×××
Ⅱ 投資活動によるキャッシュ・フロー	
有価証券の取得による支出	－×××
有価証券の売却による収入	×××
有形固定資産の取得による支出	－×××
有形固定資産の売却による収入	×××
投資有価証券の取得による支出	－×××
投資有価証券の売却による収入	×××
貸付けによる支出	－×××
貸付金の回収による収入	×××
………………………	×××
投資活動によるキャッシュ・フロー	×××
Ⅲ 財務活動によるキャッシュ・フロー	
短期借入れによる収入	×××
短期借入金の返済による支出	－×××
長期借入れによる収入	×××
長期借入金の返済による支出	－×××
社債の発行による収入	×××
社債の償還による支出	－×××
株式の発行による収入	×××

	自己株式の取得による支出	－×××
	配当金の支払額	－×××
	…………………………	×××
	財務活動によるキャッシュ・フロー	×××
Ⅳ	現金及び現金同等物に係る換算差額	×××
Ⅴ	現金及び現金同等物の増加額（又は減少額）	×××
Ⅵ	現金及び現金同等物の期首残高	×××
Ⅶ	現金及び現金同等物の期末残高	×××

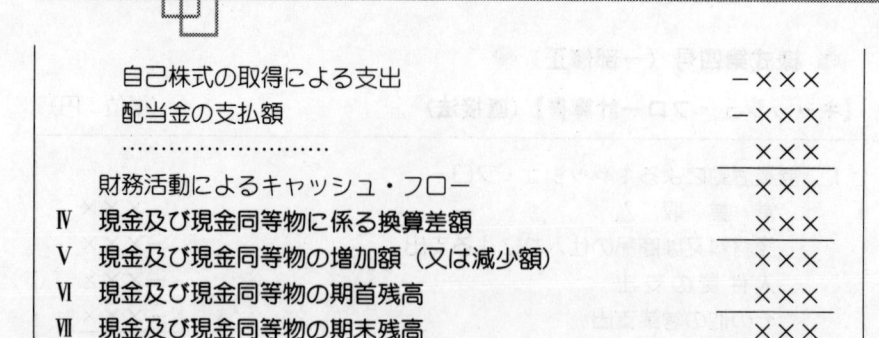

● 様式第五号（一部修正）●

【キャッシュ・フロー計算書】（間接法） 　　　　　　（単位：円）

I　営業活動によるキャッシュ・フロー	
税引前当期純利益（又は税引前当期純損失）	×××
減　価　償　却　費	×××
減　損　損　失	×××
貸倒引当金の増加額	×××
受取利息及び受取配当金	－×××
支　払　利　息	×××
為　替　差　損	×××
有形固定資産売却益	－×××
損害賠償損失	×××
売上債権の増加額	－×××
たな卸資産の減少額	×××
仕入債務の減少額	－×××
………………………	×××
小　　　　計	×××
利息及び配当金の受取額	×××
利息の支払額	－×××
損害賠償金の支払額	－×××
………………………	×××
法人税等の支払額	－×××
営業活動によるキャッシュ・フロー	×××
II　投資活動によるキャッシュ・フロー（直接法と同じ）	
III　財務活動によるキャッシュ・フロー（直接法と同じ）	
IV　現金及び現金同等物に係る換算差額	×××
V　現金及び現金同等物の増加額（又は減額）	×××
VI　現金及び現金同等物期首残高	×××
VII　現金及び現金同等物期末残高	×××

第6章　経営分析の目的と
　　　　　ルール

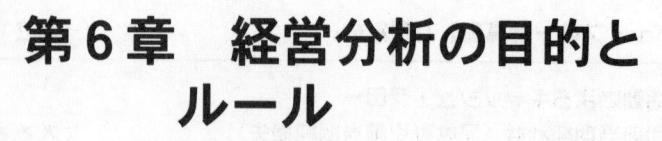

● 経営分析の目的等のポイント ●

摘　　要	内　　容
(1) 経営活動と経営分析	① 企業活動と経営分析 ② 経営分析の目的
(2) 収益性分析	収益性分析 　　意義，活動性分析
(3) 安全性分析	安全性分析 　　意義，内容
(4) 生産性分析	生産性分析
(5) 成長性分析	成長性分析
(6) ルール	① 名称のルール ② 数値使用ルール

1　企業活動と経営分析

(1)　企業活動と経営分析

　企業は，次図で示すような，拡大的な**資本循環**（capital cycle：資本（資金）が姿を変えながら回っていくこと）を繰り返しながら成長・発展している。

● 企業（メーカー）活動と経営分析 ●

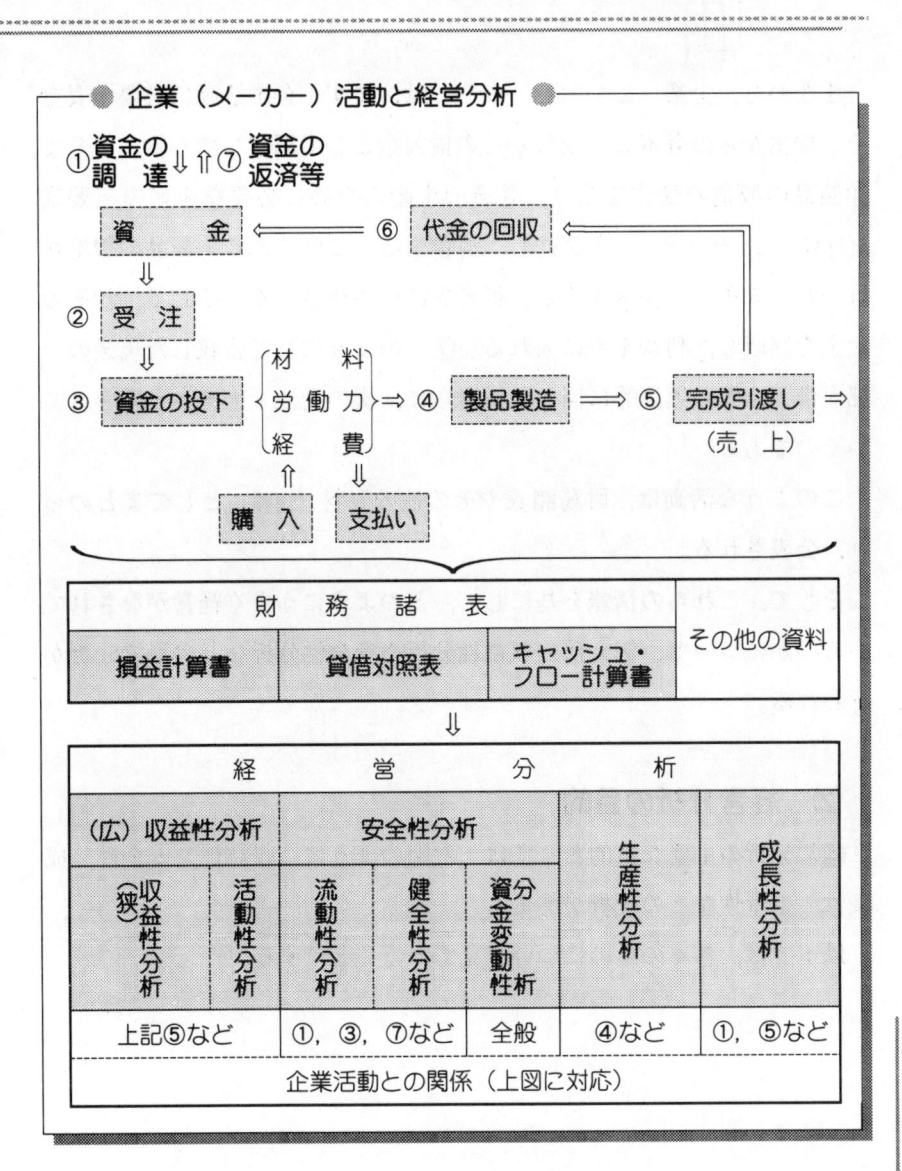

①資金の調達 ⇓ ⇑ ⑦資金の返済等

　　　資　　金　←══　⑥ 代金の回収　←──────┐
　　　　⇓
② 受　注
　　　⇓
③ 資金の投下 ｛材　料／労　働　力／経　費｝⇒ ④ 製品製造 ⟹ ⑤ 完成引渡し ⇒
　　　　　　　　　　　↑　　⇓　　　　　　　　　　　　（売　上）
　　　　　　　　　購　入　支払い

財　務　諸　表			その他の資料
損益計算書	貸借対照表	キャッシュ・フロー計算書	

⇓

経　　営　　分　　析						
（広）収益性分析		安全性分析			生産性分析	成長性分析
(狭)収益性分析	活動性分析	流動性分析	健全性分析	資金変動性分析		
上記⑤など	①,③,⑦など			全般	④など	①,⑤など
企業活動との関係（上図に対応）						

第6章　経営分析の目的とルール

すなわち，企業（ここではメーカー）は，まず①企業活動に必要な資金を，株主からの資本金や銀行からの借入金(かりいれきん)として調達してくる。そして，②製品の製造の受注を受け，③その生産のために必要な生産の三要素（材料，人，サービス）を調達し，消費する。これにより④製品の製造が行われ，⑤それが完成すると，得意先に引き渡される。そして，⑥その代金を回収し，利益を手に入れる。⑦このようにして回収した現金の一部が借入金等の返済等に回され，さらに，次の受注・生産へと回されていくのである。

このような活動は，財務諸表やその他の資料（情報）としてまとめられ，公表される。

そして，これらの情報を基にして，どのようにうまく経営がなされているのかについて，例えば，収益性分析や安全性分析などの形で分析が行われる。

(2) 経営分析の目的

経営分析の主要な目的としては，次図のように，収益性，安全性，成長性，生産性などの分析がある。

以下では，各々のものについて見ていくことにする。

● 財務分析の目的 ●

分析目的		内　容
①収益性分析(広)	(狭)収益性分析	企業の収益力（利益を獲得する能力）を分析するもの
	活動性分析	企業資本（資産）の使用効率（回転率）を分析するもの
②安全性分析	流動性分析	企業の短期の財務的な安全性つまり債務支払能力を分析するもの
	健全性分析	企業の長期の財務的な健全性を分析するもの
③ 生産性分析		企業の生産性（投入高に対する産出高の大きさ）を分析するもの
④ 成長性分析		企業の成長性（どの位成長するか）を分析するもの
⑤ 資金変動性分析		企業の総合的な資金の調達と運用の状況の良否，特に資金不足を起こさない，十分な支払能力があるか否かを分析するもの

2　収益性分析

(1) 収益性分析

　企業がどの位利益を獲得する能力（これを**収益性**ないし**収益力**：profitabilityという）があるかを分析するものを**収益性分析**（profitability analysis）という。

　これは，企業の**繁栄能力**を分析するものであり，経営分析の中心的なものの一つである。

　この収益性は，一般に営業活動の拡大，生産性や活動性の向上などによって上昇する。

　これは，例えば，次のような分析手法を用いて行われる。

① 比率分析

例えば，資本利益率，売上高利益率などによる比率分析

② 実数分析

例えば，利益増減分析，損益分岐点などによる実数分析

(2) 活動性分析

企業における資本やその具体的な運用形態である資産が，一定期間において，どの位活発に活動したかを分析するのが，**活動性分析**（activity analysis）である。

これは，資本（資産）の使用効率，より具体的には，回転率や回転期間を分析するものである。

3 安全性分析

(1) 安全性分析の意義

企業が，どの位財務的な安全性すなわち債務の支払期日が到来したときに，それを返済できる能力（**債務支払能力**：solvency of debt）があるか否かを分析するのが，**安全性分析**（safe analysis）である。

これは，前述のように，企業の**存続能力**（ability to survive）を分析するものであり，経営分析の中心の一つである。

ここで，**支払能力**（solvency）とは，**支払義務**（負債）に対する**支払手段**（資産）の関係のことをいう。

(2) 安全性分析の内容

この分析は，次のように，流動性分析と健全性分析に分けて行える。

① **流動性分析**（liquidity analysis）

企業が，どの位短期の財務的な安全性（つまり債務支払能力）を持っているか否かを分析（**支払能力分析**）するのが，**流動性分析**である。

これは，例えば，流動比率などによって分析する。

② **健全性分析**（soundness analysis）

企業が，どの位長期の財務的な健全性（つまり資金調達の源泉面の組合わせ方やその運用形態とのバランス）を持っているか否かを分析（**財務構造分析**）するのが，健全性分析である。

これは，例えば，固定比率などによって分析される。

● **安全性分析** ●

（財務）安全性分析	① 流動性分析	短 期 的	双方を総合的に考慮し，分析する
	② 健全性分析	長 期 的	

4　生産性分析

企業が，どの位生産性があるか否かを分析するのが，**生産性分析**（productivity analysis）である。

ここに，**生産性**（productivity）とは，**投入高**（input）に対する**産出高**（output）のことである。

● **生産性の考え方** ●

$$生産性 = \frac{産出高（output）}{投入高（input）}$$

この投入高としては，例えば，労働・設備・資本などの生産要素があり，産出高としては，例えば，**付加価値**（value added：生産において新たにつけ加えられた価値のこと）などがある。

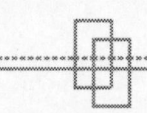

この分析は，主に企業の生産要素（人・物・サービス）の有効利用の程度とそれによる成果の配分などについての分析に利用される。

5 成長性分析

財務諸表項目の期間比較を行うことによって，企業が，どの位成長するのか（成長性）分析するのが，**成長性分析**（growth analysis）である。

これは，例えば，売上高，経常利益，総資本などの増減率を用いて，企業の将来性（prospects）を分析するのに用いられる。

6 資金変動性分析

企業の統合的な資金の調達と運用の状況の良否を分析するのが，**資金変動性分析**である。

この分析では，企業の資金繰りがうまくいっており，資金ショート（不足）を生じさせないか否かを分析することが中心となる。

なお，2000年からは，日本では，従来の資金収支表に代わって，連結キャッシュ・フロー計算書が導入された。

7 経営分析上のルール

(1) 名称のルール

ここでは，具体的な分析に入る前に，経営分析上の**比率の名称のルール**について見ていくことにする。

名称のルールには，次のようなものがある。

① 「分母分子率」型名称

これは，例えば，資本利益率などに見られるように，基準となる数値（分母）に対する比較される数値（分子）の割合という意味での，**分母分子率**という型の名称であり，**収益性比率**に多いものである。

$$例：\underbrace{資本}_{分母}\underbrace{利益}_{分子}率 = \frac{利益}{資本} \times 100$$

② 「分子（比）率」型名称

これは，例えば，自己資本比率などに見られるように，**分子（比）率**という型の名称であり，**安全性比率**に多いものである。

$$例：\underbrace{自己資本}_{分子}比率 = \frac{自己資本}{総資本} \times 100$$

③ 「分子月数」「分子月商倍率」型名称

これは，例えば，現金預金手持月数や必要運転資金月商倍率などに見られるように，**分子月数，分子月商倍率**という型の名称であり，**流動性比率に多い**ものである。

$$例1：\underbrace{現金預金}_{分子}手持月数 = \frac{現金預金}{売上高 \div 12}（月）$$

$$例2：\underbrace{必要運転資金}_{分子}月商倍率 = \frac{必要運転資金}{売上高 \div 12}（月）$$

④ 「分母回転率」型名称

これは、例えば、資本回転率などに見られるように、**分母回転率**という型の名称であり、**活動性比率に多いもの**である。

$$例：\underbrace{資本}_{分母}回転率 = \frac{売上高}{資本} （回）$$

⑤ 「分母増減率」型名称

これは、例えば、資本増減率などに見られるように、**分母増減率**という型の名称であり、**成長性比率に多いもの**である。

$$例：\underbrace{資本}_{分母}増減率 = \frac{当期資本 － 前期資本}{前期資本} \times 100$$

● **名称のルール** ●

名　称　の　型	具　体　例	多い領域
分母分子率型名称 資本利益率＝$\dfrac{利益}{資本}$×100 　　　　　分母　分子	①総資本経常利益率，②経営資本営業利益率，③自己資本当期純利益率，④売上高経常利益率，⑤職員1人当たり売上高，⑥職員1人当たり総資本など	収益性
分子（比）率型名称 自己資本比率＝$\dfrac{自己資本}{総資本}$×100 　　　　　分子	①流動比率，②当座比率，③自己資本比率，④負債比率，⑤固定比率，⑥配当率，⑦付加価値率など	安全性
分子月数，分子月商倍率型名称 　分子 $\dfrac{現金預金}{手持月数}$＝$\dfrac{現金預金}{売上高÷12}$（月）	①現金預金手持月数，②運転資本保有月数，③受取勘定滞留月数，④棚卸資産滞留月数，⑤必要運転資金月商倍率など	流動性
分母回転率型名称 資本回転率＝$\dfrac{売上高}{資本}$（回） 　　　　　分母	①総資本回転率，②経営資本回転率，③自己資本回転率，④棚卸資産回転率，⑤固定資産回転率，⑥受取勘定回転率，⑦支払勘定回転率など	活動性
分母増減率型名称 資本増減率＝$\dfrac{当期資本－前期資本}{前期資本}$×100 　　　　　分母	①売上高増減率，②付加価値増減率，③営業利益増減率，④経常利益増減率，⑤総資本増減率，⑥自己資本増減率など	成長性

(2) 数値使用ルール

ここでは，分析上，期中平均値を使用するか否かのルール（**期中平均値使用ルール**）について見ていくことにする。

① 静態比率には（単純）数値

例えば，流動比率や当座比率などのように，期末における一時点のストックの状況を分析する比率（**静態比率**）については，原則として，期中

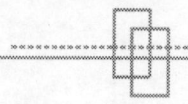

平均値ではない，**単純な数値**を使用する。

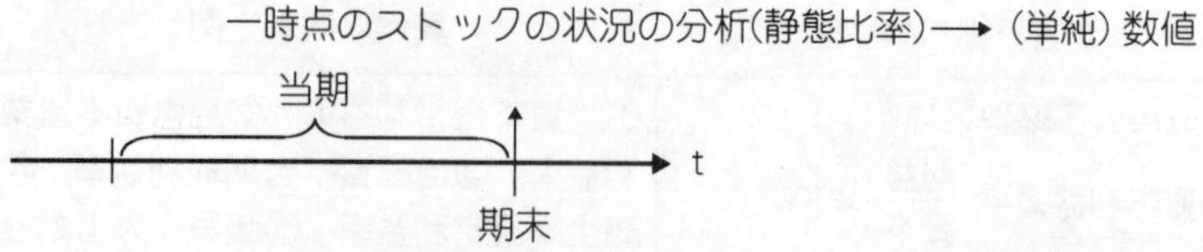

```
              一時点のストックの状況の分析(静態比率)→（単純）数値
                    ↑
                  当期
        ├─────────┤
        ─────────────────→ t
                  期末
```

② 期間比率には期中平均値

例えば，資本利益率，資本回転率などのように，一期間のフローの状況を分析する比率（期間比率）については，原則として期中平均値を使用する。

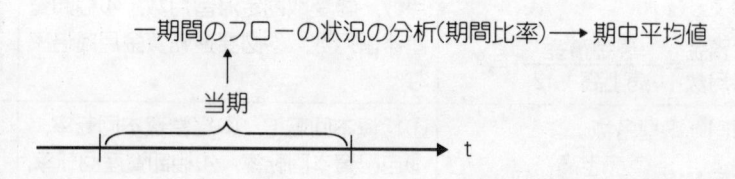

```
              一期間のフローの状況の分析(期間比率)→ 期中平均値
                    ↑
                  当期
        ├─────────┤
        ─────────────────→ t
```

● **数値使用のルール** ●

	期中平均値	適用比率	性　質	具　体　例
不使用	（単純）数値	静態比率	一時点のストックの状況を見るもの	流動比率，当座比率，流動負債比率など
使用	期中平均値	期間比率	一期間のフローの状況を見るもの	資本利益率，資本回転率，資本生産性など

第 7 章　分　析　方　法

● 分析方法のポイント ●

摘　　　要	内　　　　　容
(1)　分　析　方　法	分　析　方　法 　　意義，分類
(2)　実　　数　　法	実　　数　　法 　　意義，長所，短所，種類
(3)　比　　率　　法	比　　率　　法 　　意義，長所，短所，種類
(4)　構成比率法	構成比率法 　　意義，種類，長所
(5)　趨　　勢　　法	趨　　勢　　法 　　意義，種類，長所，短所
(6)　関係比率法	関係比率法 　　意義，種類，長所，短所
(7)　総合評価法	総合評価法 　　意義，種類，指数法，レーダー・チャート法，象形法

1　分析方法の意義と種類

(1)　分析方法の意義

企業の経営分析を行うための方法（手段）のことを**分析方法**（analytical techniques）という。

(2)　対象期間による分類

これらの方法には，分析対象が一時点ないし一期間か否かの観点から，**静態分析**（static analysis：1時点・1期間のデータによる分析）と**動態分析**（dynamic analysis：複数期間のデータによる比較分析）とに分けられる。

● 対象期間による分類 ●

対象期間は1時点・1期間	Yes	静態分析
	No	動態分析

(3)　対象企業による分類

分析対象が自社のみか否かの観点から**自己分析**（self analysis：同一企業についての分析）と**クロス・セクション分析**（cross-section analysis：企業間比較分析）とに分けられる。

● 対象企業による分析 ●

対象企業は自社（1社）のみ	Yes	自己分析（1社分析）
	No	クロス・セクション分析

なお，参考までに，前記の二つの分類を組み合わせれば，次のように再分類することができる。

● 分析方法の組合わせ ●

摘　　要	① 静態分析	② 動態分析
① 自己分析	自己単一分析	自己比較分析
② クロス・セクション分析	企業間静態比較分析	企業間動態比較分析

(4) 分析方法による分類

分析方法は，どのような手法を用いるかの観点から，**実数法**（actual number method：実際の数値を用いて分析を行う方法のこと），**比率法**（ratio method：数値間の比較を求め，その比率を用いて分析を行う方法のこと），**総合評価法**（total valuation method：複数の指標を用いて企業の状況を総合的に分析する方法のこと）などに分類できる。

● 分析方法による分類 ●

	種　類	具　体　的　方　法
分析方法	(1) 実　数　法	① 単純実数分析 → 控　除　法 / 切　下　法など ② 比較増減分析 → 利益増減分析 / 資金増減分析など ③ 関数均衡分析 → 損益分岐点分析 / キャッシュ・フロー分岐点分析など
	(2) 比　率　法	① 構成比率法 ② 趨勢比率法 ③ 特殊（関係）比率法など
	(3) 総合評価法	① 点数化による → 指数法など ② 図形化による → レーダー・チャート法，象形法など ③ 多変量解析による → 因子分析法など ④ 財務データによる → 純資産額法など

第7章　分析方法

2 実 数 法

(1) 実数法の意義

企業の公表する財務諸表などの実際数値（実数）そのものを使用して分析を行うのが，**実数法**（actual number method）である。

この方法は，損益や資金などの状況を分析するのに適合し，例えば，利益増減分析，損益分岐点分析，資金増減分析，原価差異分析などに適用される。

(2) 長　　所

実数法の長所には，次のようなものがある。

① 実数のまま分析を行うので，最も精密な分析が行える。
② 期間比較により企業の経営成績などの動向を適切に分析できる。
③ 実数なのでわかりやすいことなど。

(3) 短　　所

実数法は，企業規模の大小を全く考慮しないため，単純な企業間比較を行うと誤った結論を導くリスクがある。

(4) 種　　類

● 実数法の種類 ●

①	単純実数分析	控除法，切下法など
②	比較増減分析	利益増減分析，比較貸借対照表分析など
③	関数均衡分析	損益分岐点分析，キャッシュ・フロー分岐点分析など

実数法の種類には，単純に実数を分析する方法（**単純実数分析**），2期間以上の実数を分析する方法（**比較増減分析**），データ（実数）相互間の均衡点などを計算し，分析を行う方法（**関数均衡分析**）などがある。

① 単純実数分析

これには，次のようなものがある。

● 単純実数分析 ●

種　　類	内　　　容	具　体　例
① 控　除　法	関連2項目について，一方から他方を差し引き，その差額を分析するもの	正味運転資本分析など
② 切　下　法	項目金額を，例えば時価などの金額に切り下げて分析をするもの	清算価値分析など

② 比較増減分析

これには，次のようなものがある。

● 比較増減分析 ●

種　　類	内　　　容	具　体　例
① 利益増減分析	2期（以上）の利益を比較し，その増減の原因を分析するもの	当期純利益増減分析など
② 比較貸借対照表分析	2期（以上）の貸借対照表項目を比較し，その増減により財務内容を分析するもの	比較貸借対照表分析
③ 資金増減分析	2期（以上）の資金計算書項目を比較し，その増減により資金繰りの状況を分析するもの	キャッシュ・フロー増減分析など

③ 関数均衡分析

これには，次のようなものがある。

● 関数均衡分析 ●

種　類	内　容
① 損益分岐点分析	損益分岐点を計算し，分析するもの
② キャッシュ・フロー分岐点分析	（キャッシュの）営業収支が一致する点を計算し，分析するもの

3　比率法

(1) 意　義

企業が公表する財務諸表上などのある項目と他の項目との比率を求め，その比率によって経営状況の良否を分析するのが，**比率法**(ratio method)である。

この比率法は，前述の実数法と併用することにより，より適切な経営分析が行える。

(2) 長　所

比率法の長所には，次のようなものがある。

① **理解容易性**

数値を比率という形で単純化するので，わかりやすくなること。

② **普遍性**

企業の規模・業種，通貨単位などを問わず，普遍的に分析ができることなど。

(3) 短　　所

① 相　対　性

　比率はあくまでも相対的なものなので，企業の実際の姿は，あくまでも実数法などにより補強しないと，適切な分析が行えないことなど。

(4) 種類の概要

● 比率法の種類 ●

摘　　　　要	具　体　的　方　法
① 構 成 比 率 法	百分率貸借対照表，百分率損益計算書など
② 趨勢（比率）法	固定基準法，移動基準法
③ 関係（特殊）比率法	静態比率，動態比率，利益処分関係比率など

(5) 構成比率法

① 意　　義

　企業の財務諸表上の数値の全体を100とし，その構成部分を百分率（構成比率）で表示し，その内容を分析するのが，**構成比率法**（component ratio method）ないし**百分率法**（percentage method）である。

　これにより，企業の財務構造，損益構造，原価構造などを分析する。

② 種　　類

　これを，その分析対象の観点から分類すれば，例えば，次のようなものがある。

● **構成比率法の種類：分析対象の観点からの分類** ●

種　　類	内　　容
① 百分率貸借対照表	貸借対照表の総資産を100とし，その構成比率を計算し，企業の投資・資本・財務構造などを分析するもの
② 百分率損益計算書	損益計算書の売上高を100とし，収益・費用項目の構成比率を計算し，企業の損益構造などを分析するもの
③ 百分率製造原価報告書	製造原価報告書上の当期製造費用を100とし，材料費，労務費，経費の構成比率を計算し，企業の原価構造を分析するもの

また，これは，比較を行うか否か，そしてどのような比較を行うかの観点から，次のように分類することができる。

● **構成比率法：比較の観点からの分類** ●

比較する	No	—		一社単一構成比率法（一社の一期だけの構成比率を分析するもの）
	Yes	比較対象	同一社	一社期間比較構成比率法（同一企業の構成比率を期間比較し分析するもの）
			他社	企業間比較構成比率法（同業他社との間で構成比率を比較し，分析するもの）

③ 長　　所

　構成比率法は，各構成要素が百分率で示されるため，次のような長所がある。

　ⓐ **比較の容易性**

　　　数値が百分率で示されるので，期間比較や企業間比較が容易に行えること。

ⓑ **構造把握の容易性**

数値が百分率で示されるので,企業の損益・資産構造などの構造的な特徴を容易に捉えることができること。

ⓒ **理解可能性**

数値が百分率で示されるので,理解がしやすいこと。

ⓓ **異常値発見の容易性**

数値が百分率で示されるので,期間比較により異常値をすぐに示すことができ,不正や粉飾の発見をしやすいことなど。

(6) 趨勢(比率)法

① 意　義

企業の財務諸表などのある項目や比率などの時系列での変化の傾向を知るために,**趨勢比率**(trend ratio:基準年度の数値を100とし,それ以降の年度のものをこれと比較して算出される比率のこと)や**伸び率**(growth rate:趨勢比率の増減率のこと)を用いて分析を行うのが,**趨勢(比率)法**(trend ratio method)である。

② 種　類

これには,基準年度を固定するか否かの観点から,それを固定する**固定基準法**(fixed-base method)と,それを固定しない**移動基準法**(moving-base method)とがある。

● 趨勢(比率)法の種類 ●

基準年度の固定	する	固定基準法
	しない	移動基準法

③ 長　　　所

趨勢（比率）法には，次のような長所がある。

ⓐ 将来予測の容易性

過去から現在までの動向が明示されるので，将来予測が比較的容易に行えること。

ⓑ 計算の簡便性

趨勢比率の計算が容易に行えること。

ⓒ 傾向把握の容易性

企業の収益性や安全性などの傾向を容易に把握できることなど。

④ 短　　　所

この方法には，次のような短所がある。

ⓐ 基準年度による変動性

どの基準年度を採用するかによって，企業の経営成績などの動向が明確に示されないことがあること。

ⓑ 問題点の不明確性

算出比率が，必ずしも企業の経営成績などの問題点を明示しないことなど。

(7) 関係（特殊）比率法

① 意　　　義

財務諸表などの相互に関係する項目間の比率（**関係比率**：related ratio）を用いて，企業の経営内容の良否を分析するものが，**関係比率法**（related ratio method）ないし**特殊比率法**（special ratio method）である。

② 種　　　類

これは，一時点の貸借対照表上のストック項目だけか否かという観点

から，ストック項目間のみの分析を行う**静態比率**（static ratio）と，貸借対照表上のストック項目と損益計算書上のフロー項目との間の分析を行う**動態比率**（dynamic ratio）などがある。

● **関係比率の分類** ●

関係比率				
	(1) 静態比率	①	流動性	流動比率，当座比率など
		②	健全性	自己資本比率，負債比率，固定比率など
	(2) 動態比率	①	収益性	総資本営業利益率，売上高営業利益率など
		②	活動性	自己資本回転率，棚卸資産回転率，固定資産回転率など
	(3) 利益処分関係比率*			配当性向，配当率，社内保留率など

* これを(2)動態比率に含める考え方もある。

③ **長　　所**

関係（特殊）比率法の長所には，次のようなものがある。

ⓐ **普　遍　性**

企業の規模，業種，通貨単位などを問わず，普遍的に適用可能で，分析ができることなど。

④ **短　　所**

この方法の短所には，次のようなものがある。

ⓐ **異業種間比較の困難性**

関係比率は，業種により非常に相違するので，一般に異業種間比較は困難であること。

ⓑ **標準比率の算定等の困難性**

標準比率法によるときには，その標準比率の選定・算定を行う必要があるが，会計処理の多様性や異常な数値が含まれることがある

ため，それらの選定などに困難さを伴うことなど。

4 総合評価法

(1) 総合評価法の意義

企業の収益性や安全性などの種々の比率の計算結果を総合し，企業の経営状況についての全体的な良否を分析するのが，**総合評価法**（total valuation method）である。

(2) 種　　類

総合評価法の主な種類には，次のようなものがある。

● **総合評価法の種類** ●

総合評価法の種類		
	① 点数化によるもの	指数法など
	② 図形化によるもの	レーダー・チャート法，象形法（フェイス・メソッド）など
	③ 多変量解析によるもの	因子分析法など
	④ 財務諸表データによるもの	純資産額法など

(3) 点数化によるもの（指数法）

ここでは，点数化によるものの代表的なものとして，指数法について見ていくことにする。

① 指数法の意義

標準的な状態にあるものの指数を100として，その企業の指数がいくつになるのかによって，その企業の経営内容の良否について総合的な判断を行うものが，**指数法**（index method：ＩＭ）である。

② 長　　　所

指数法の長所には，次のようなものがある。

　ⓐ **理解可能性**

　　個々の比率の分析結果が評価点で示され，理解しやすいこと。

　ⓑ **評価容易性**

　　総合的な評価が点数で示されるので，評価が容易であること。

　ⓒ **企業間比較の容易性**

　　総合評価点で示されるので，企業間比較が容易にできることなど。

③ 短　　　所

この方法の短所には，次のようなものがある。

　ⓐ **ウェイト付けなどの主観性**

　　どのような比率を採用するのかや，そのウェイト付けなどが主観的に行われる危険性があること。

　ⓑ **手　　　間**

　　標準データの収集やデータの加工にかなりの手間と時間を要することなど。

④ **指数法の分析手順**

指数法での経営分析は，次の手順で行われる。

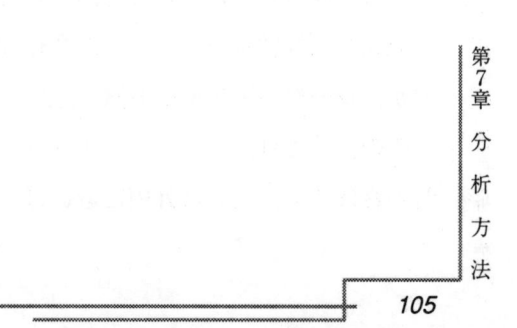

● 指数法の分析手順 ●

①	比率の選択	分析目的に従って分析のための複数の，例えば流動比率や固定比率などの比率を選択する。
②	ウェイト付け	合計が100となるように各比率にウェイト付けをする。
③	標準比率の計算	各比率についてその企業の経営内容の良否を判断するために標準比率を算出する。
④	実際比率の計算	財務諸表に基づきその企業の実際比率を計算する。
⑤	関係比率の計算	④÷③で関係比率（標準比率における実際比率の割合）を計算する。
⑥	総合点の計算	関係比率にウェイトを乗じ，各比率の評価点を計算し，それを合計し，総合点を算定する。
⑦	総合判断	その総合点とその内容により，その企業の経営内容の良否を総合的に評価・判断する。すなわち，総合点が100を上回れば良好であり，それを下回れば不良であるなどの判断をする。

(4) 図形化によるもの（①レーダー・チャート法）

ここでは，図形化によるもののうち，レーダー・チャート法について見ていくことにする。

① レーダー・チャート法の意義

対象となる企業について算出された各種の比率を，円形のレーダー状に記入し，経営状況についての全体像を一目で理解・分析しようとするのが，**レーダー・チャート法**（radar chart method）である。

この方法では，レーダー・チャート上の多角形が内円に近いほど，経営内容は悪く，反対に**外円に近い**ほど**良好**であることを示している。

② 長　　所

レーダー・チャート法の長所には，次のようなものがある。

ⓐ **判断の容易性**

全体像がレーダー・チャート上一目でわかるように示されているので，経営状況の良否が容易に判断できること。

ⓑ **作成容易性**

手作業でも簡単に図表が作成可能であることなど。

③ 短　　所

この方法の短所には，次のようなものがある。

ⓐ **比率選択の困難性**

どのような比率を選択したかによって，経営内容の評価が異なる危険性があること。

ⓑ **問題点の解決性**

この比率だけでは，問題点の具体的な検討が難しいことなど。

④ **レーダー・チャート法の分析手順**

レーダー・チャート法の分析手順は，次のとおりである。

● レーダー・チャート法の分析手順 ●

①	同　心　円	大中小の三つの同心円を描く。
②	分析領域の設定	収益性や安全性などの分析領域を設定し，その名称を内小円に記入する。
③	比　率　選　択	各分析領域について，適切な比率を選択する。
④	標準比率の記入	選択された比率の分だけ各領域を分割し，円外にその比率名と標準比率を記入する。
⑤	直 線 で 結 ぶ	上記比率の記入領域を作成するために，外円上の各点から内小円まで直線を引く。
⑥	標　　　準	その直線と内円上の交点が下限，中間点が標準，外円が上限を示す。
⑦	実績値の記入	各種比率の実績値を各線上に記入する。なお，注意すべきことは，各比率は，外側の方が良好な状況を示すようにする必要がある。
⑧	多角形の記入	各実績値を直線で結び，多角形を作る。
⑨	総　合　判　断	多角形の形状を基礎としてその企業の経営状況の良否を総合的に判断する。

◉ レーダー・チャートの例示 ◉

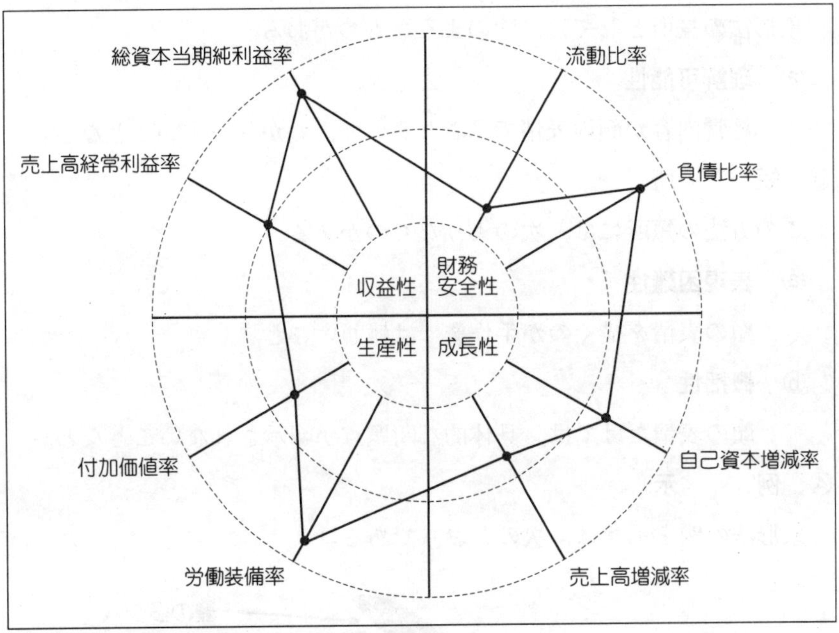
総資本当期純利益率
流動比率
売上高経常利益率
負債比率
収益性
財務
安全性
生産性
成長性
付加価値率
自己資本増減率
労働装備率
売上高増減率

(5) 図形化によるもの（②象形法）

ここでは，図形化によるもののうち，象形法について見ていくことにする。

① 象形法（face method（フェイスメソッド））の意義

企業について算定された各種の比率を人間の顔として示し，企業経営の良否に関する全体像を一目で分析しようとするのが，**象形法**（face method）である。

この方法では，企業経営の内容の良否が，顔の表情によって，経営状況が良いときには良い顔に，悪いときには悪い顔になるようになっている。

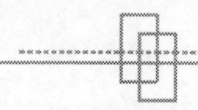

② 長　　所

象形法の長所としては，次のようなものがある。

　ⓐ **理解可能性**

　　経営内容が顔の表情で示されるので，わかりやすいことなど。

③ 短　　所

この方法の短所には，次のようなものがある。

　ⓐ **表現困難性**

　　顔の表情を描くのが手作業では難しいこと。

　ⓑ **概括性**

　　顔の表情だけでは，具体的な問題点が明示されないことなど。

④ 例　　示

象形法の例を示せば，次のとおりである。

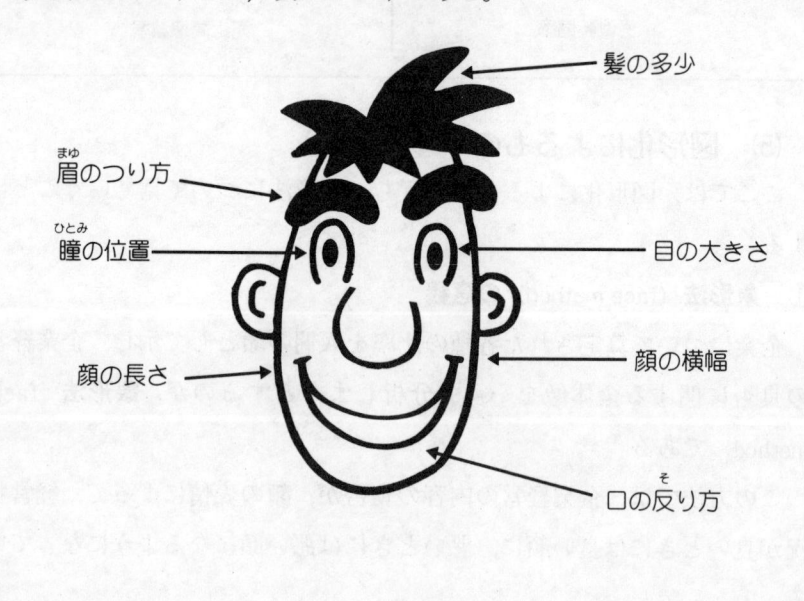

- 髪の多少
- 眉のつり方
- 瞳の位置
- 目の大きさ
- 顔の長さ
- 顔の横幅
- 口の反り方

第3編 収益性分析

第 8 章　収益性分析の意義と内容
第 9 章　資本収益性分析
第10章　取引収益性分析
第11章　活動性分析
第12章　その他の収益性分析

第8章　収益性分析の意義と内容

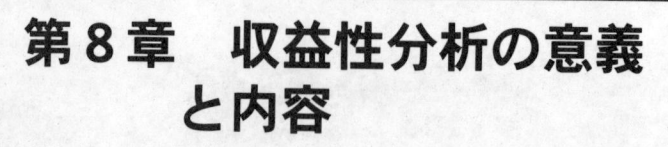

● 収益性分析のポイント ●

摘　　要	内　　容
収益性分析の意義と内容	① 収益性の意義 ② 収益性分析の意義 　　意義，体系 ③ 実　数　法 　　単純実数分析，比較増減分析，関数均衡分析 ④ 比　率　法 　　資本収益性分析，取引収益性分析，活動性分析など

1　収益性の意義

(1)　収益性の意義

経営分析で問題とされる**収益性**（profitability）とは，企業の（収益ではなく）利益ないし儲けを上げる能力（**利益獲得能力**：earning power）のことである。

利益は，損益計算書上，**損益法**（収益から費用を差し引いて利益を計算する方法：profit and loss method）により計算される。

● 収益性の意義 ●

摘　　要	内　　容
① 収益性の意義	企業の利益の獲得能力のこと
② 利益の計算方法	損益法（利益＝収益－費用）

(2) 利益獲得上の注意点

会社が利益を獲得する上で注意すべき点には，次のようなものがある。

① 長期的な視点

利益獲得については，単に短期のそれだけではなく，長期的な視点にも立ったものでなければならない。

② 収益性の重視

単に薄利多売などによる市場占有率（マーケット・シェア）や売上高の拡大のみではなく，PER，EPSやEVAなどの収益性を重視しなければならない。

2　収益性分析の意義

(1) 収益性分析の意義

企業の重要な目的の一つが利益の獲得と分配であるので，その企業の利益獲得能力がどの位あるのかを分析する**収益性分析**（profitability analysis）は，経営分析の重要な目的の一つである。

(2) 収益性分析の体系

この収益性分析は，その年度に獲得された利益の絶対額での分析（**実数分析**：actual number analysis）の他に，他の項目との比較（**比率分析**：rate analysis）によっても行われる。

● 収益性分析の体系図 ●

		分析手法	具体例
収益性分析	実数分析	① 単純実数分析	—
		② 比較増減分析	利益増減分析など
		③ 関数均衡分析	損益分岐点分析など
	比率分析	① 資本収益性分析（投資効率性分析）	自己資本当期純利益率（ROE）など
		② 取引収益性分析	売上高経常利益率など
		③（資産等）活動性分析など	棚卸資産回転率など

　すなわち，収益性の分析は，①投下した資本に対する利益の獲得割合ないし資本と利益のバランス（**資本収益性**：capital profitabilityないし**投資効率性**）を示す総合力としての資本利益率（ratio of profit to capital）を中心として，②取引についての採算性・収益性ないし売上高と利益のバランス（**取引収益性**：transaction profitability）を示すものとしての**売上高利益率**（ratio of profit to sales），③資本（資産）の運用効率を示すものとしての資本（資産）回転率及び④利益の質（本業と副業のバランス）を示す**本業対副業比率**などに分けて分析できる。

　なお，上記②は，**損益構造の分析**などとして捉えることもできる。

● 収益性の比率分析 ●

	指 標	内 容	具 体 例
収益性の比率分析	① 総 合 力	資本収益性 （投資効率性）	資本利益率など
	② 取引の収益力	取引収益性	売上高利益率など
	③ 資本の運用効率	資本（資産）活動性	自己資本回転率 棚卸資産回転率など
	④ 利 益 の 質	本業収益性	本業対副業比率など

3 実 数 法

　企業の収益性分析において，利益の金額をベースとして，次のような手法によりそれを行うことは，分析の基本となる。

(1) 単純実数分析

　まず，収益性分析の出発点は，**実際の金額としていくら儲かったか**である。利益の金額が**プラスかマイナスか**，そしてその**金額が大きいか小さいか**であり，当然のこととして収益性の観点からは，企業ができるだけ多くの利益を上げていることが良いと判断される。

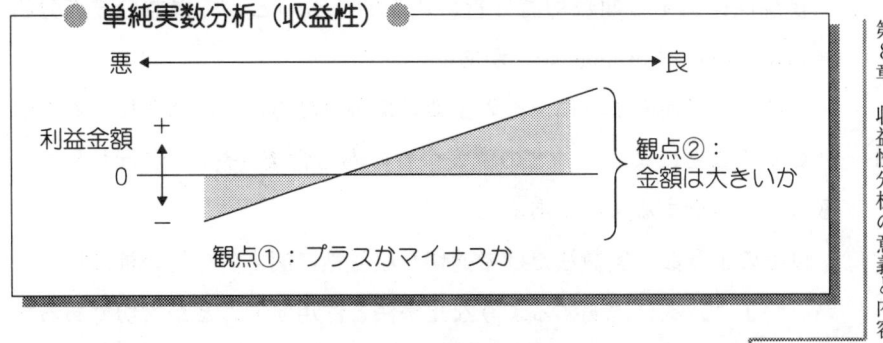

● 単純実数分析（収益性） ●

悪 ←――――――――→ 良

利益金額　＋
　　　　　０
　　　　　－

観点①：プラスかマイナスか
観点②：金額は大きいか

(2) 利益増減分析

収益性に関する比較増減分析の代表的なものとしては，利益増減分析などがある。

利益増減分析（analysis of change in profit）は前期と当期の当期純利益などの利益数値を比較し，その増減の仕方を分析するものである。

そこでは，当期純利益などが増加しているのか減少しているのか，その場合，その金額は大きいのか小さいのかを分析する。

収益性の観点からは，企業の利益ができるだけ多く増加していることが好ましいと判断される。

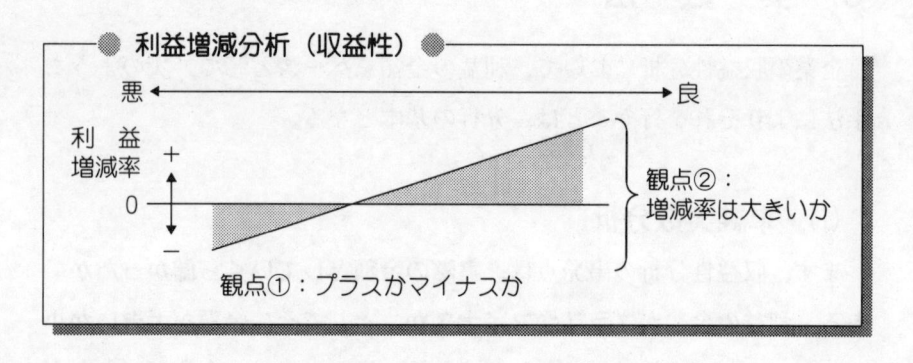

利益増減分析（収益性）

悪 ←――――――――――→ 良

利益増減率

観点②：増減率は大きいか

観点①：プラスかマイナスか

(3) 損益分岐点分析

収益性に関する関数均衡分析の代表的なものとして**損益分岐点分析**（break - even point analysis）がある。

これは，後述のように，その企業の損益分岐点がどの水準にあるかを計算することによって，どの位安全性のある営業（売上）が行われているのかを分析するものである。

以上のような，実数法だけで適切な収益性に関する経営分析は行えない。つまり，次に説明するような比率法と併用することが大切である。

● 収益性分析の適切なやり方 ●

収益性の分析	① 実 数 法	双方の適切な併用により企業の収益性の分析を行う。
	② 比 率 法	

4 比 率 法

　次のような比率法を用いて収益性を分析するときには，前述のように，資本収益性を中心として，取引収益性などの分析が行われる。

　この収益性分析で使用される主な比率の体系および基本パターンを一覧表の形で示せば，次のとおりである。

● 収益性比率の体系図 ●

摘要			比率など
収益性比率	(1) *1 資本収益性	*2 資本利益率	1 総資本経常利益率 2 総資本当期純利益率 3 自己資本経常利益率 4 自己資本当期純利益率 5 経営資本営業利益率など
	(2) *3 取引収益性	売上高利益率	1 売上高総利益率*4 2 売上高営業利益率 3 売上高経常利益率 4 売上高販売費率 5 キャッシュ・フロー・マージンなど
	(3) 資産等活動性	資産等回転率	1 受取勘定回転率 2 棚卸資産回転率 3 固定資産回転率 4 支払勘定回転率 5 総資本回転率など
	(4) その他		1 損益分岐点分析 2 1株当たり当期純利益など

分解

*1 これらは，すべて資本収益性ないし投資効率性を示す**資本利益率関係の指標**である。

*2 資本利益率による収益性分析は，売上高利益率による**損益構造の分析**と資本（資産）回転率による**資本（資産）運用効率の分析**とに分けることができる。なお，後者は活動性分析として展開できる。

*3 損益構造の分析として捉えることができる。

*4 売上利益率に関する比率は，**取引の採算性**（ないし取引収益性）を判断する指標でもある。

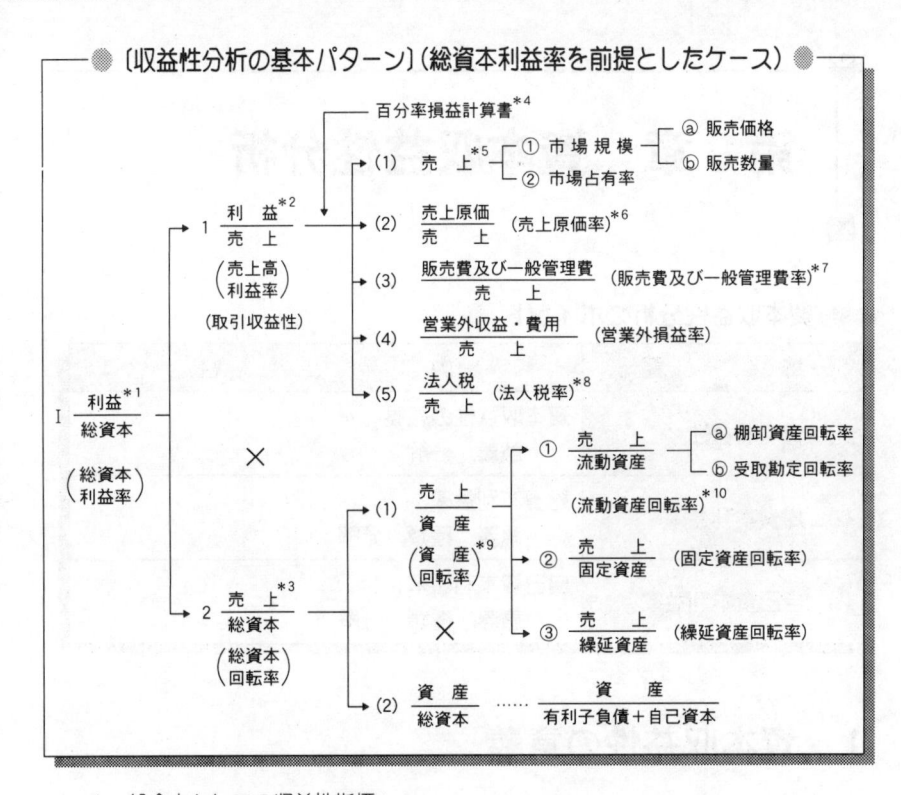

〔収益性分析の基本パターン〕(総資本利益率を前提としたケース)

$$\text{I} \quad \frac{\text{利益}^{*1}}{\text{総資本}} \left(\begin{array}{c}\text{総資本}\\ \text{利益率}\end{array}\right)$$

1. $\dfrac{\text{利益}^{*2}}{\text{売上}}$ （売上高利益率）（取引収益性）

   → 百分率損益計算書^{*4}
   - (1) 売上^{*5} — ① 市場規模 — ⓐ 販売価格 / ⓑ 販売数量
   - ② 市場占有率
   - (2) $\dfrac{\text{売上原価}}{\text{売上}}$ （売上原価率）^{*6}
   - (3) $\dfrac{\text{販売費及び一般管理費}}{\text{売上}}$ （販売費及び一般管理費率）^{*7}
   - (4) $\dfrac{\text{営業外収益・費用}}{\text{売上}}$ （営業外損益率）
   - (5) $\dfrac{\text{法人税}}{\text{売上}}$ （法人税率）^{*8}

×

2. $\dfrac{\text{売上}^{*3}}{\text{総資本}}$ （総資本回転率）

   - (1) $\dfrac{\text{売上}}{\text{資産}}$ (資産回転率)^{*9}
     - ① $\dfrac{\text{売上}}{\text{流動資産}}$ （流動資産回転率）^{*10} — ⓐ 棚卸資産回転率 / ⓑ 受取勘定回転率
     - ② $\dfrac{\text{売上}}{\text{固定資産}}$ （固定資産回転率）
     - ③ $\dfrac{\text{売上}}{\text{繰延資産}}$ （繰延資産回転率）
   - (2) $\dfrac{\text{資産}}{\text{総資本}}$ …… $\dfrac{\text{資産}}{\text{有利子負債＋自己資本}}$

*1 総合力としての収益性指標
*2 取引の採算性を示す収益性指標
*3 資本（資産）の運用効率を示す活動性指標であり，活動性分析として分析を行うことができる。
*4 売上高利益率の内容は，基本的には，百分率損益計算書で示される。
*5 売上は，市場規模と市場占有率の観点から分析できる。そして，市場規模の方は，販売価格と販売数量の観点から分析できる。
*6 売上原価もさらに価格と数量の観点から分析できる。
*7 さらに販売費及び一般管理費の，例えば，人件費などの構成要素に分解できる。
*8 税効果会計の影響も考慮するときと，しないときがある。
*9 資産回転率は，さらに，例えば，流動資産回転率などの構成要素に分解できる。
*10 流動資産回転率は，さらに例えば，棚卸資産回転率などの構成要素に分解できる。

第9章　資本収益性分析

● 資本収益性分析のポイント ●

摘　　要	内　　容
(1) 資本収益性	資本収益性の意義 　　意義，分解
(2) 総資本利益率	総資本利益率 　　意義，種類，分解
(3) 自己資本利益率	自己資本利益率 　　意義，種類，分解

1　資本収益性の意義

(1)　資本収益性の意義

　収益性分析の最も基本的なものが，投下した資本に対してどれだけの利益を上げたのかという**資本収益性**（capital profitability）を分析するものである。

　この企業の総合力としての資本収益性を分析するもので最も代表的な比率はＲＯＥ（return on equity：自己資本利益率ないし株主持分利益率）とＲＯＡ（return on assets：総資本利益率ないし総資産利益率）などの資本利益率である。

　特に前者のＲＯＥは，収益性を最も良く示す比率の一つとして世界中で重視されている。

Coffee Break

〔コーヒー・ブレイク〕（ROI・ROA・ROC・ROEの関連）

ROI（return on inverstment）は投資利益率であり，投資として何を取るかで，ROA（ROC）やROEなどとなる。また，ROA（return on assets）は総資産利益率であり，ROC（return on (total) capital）総資本利益率と同じである。他方，ROE（return on equity）は株主持分利益率である。

〔ROI・ROA・ROC・ROEの関連〕

ROI	ROA（ROC）
	ROE

この**資本利益率**（ratio of net profit to capital：投下資本に対する利益の割合のこと）は，**資本収益性**を示すものであり，**業績（収益力）の総合的な指標**である。

― 資本利益率の算式 ―

$$資本利益率 = \frac{利\ 益}{資\ 本} \times 100$$

企業の主たる目的の一つが利益の獲得であるが，このためには，その前提としてまず一定の資本（資金）の投下が必要である。そして，この投下資本に対して，どの位効率的に利益を獲得したかを，資本と利益の数値を用いて分析しようとするのが，この資本利益率を用いた分析である。

なお，この算式の**分子**の**利益**（profit）としては，**分析目的に応じて**，損益計算書上で当期純利益を計算する過程で表われる，例えば，売上総利益，営業利益，経常利益，税引前当期純利益などの利益数値が使用さ

れる。

　他方，この算式の**分母**の**資本**（capital）については，一時点におけるストックの状況を示す貸借対照表上の種々の資本，例えば，総資本，経営資本，自己資本，資本金などが用いられる。

　このように，資本利益率は，次図のように，**概念上**は，分母と分子の組合わせにより多数のものが考えられる。

　しかし，**実務的**には，ROEとしての自己資本当期純利益率やROAとしての総資本当期純利益率など特定のものが使用されている。

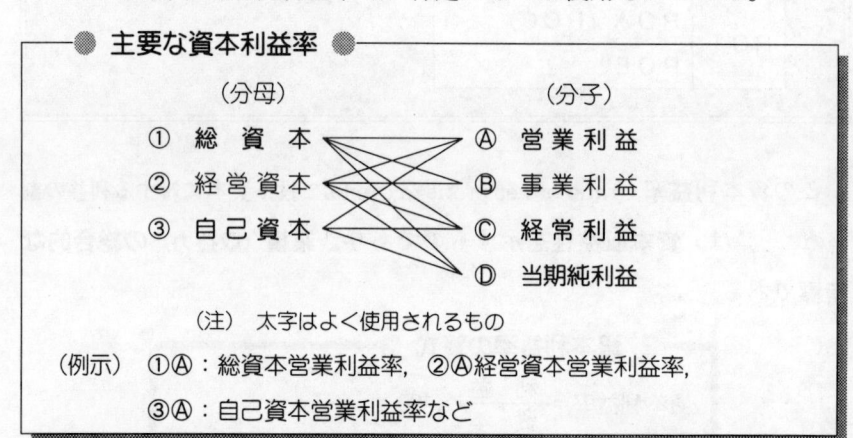

● 主要な資本利益率 ●

　　　　　（分母）　　　　　　　　　（分子）

　　　① **総　資　本**　　　　Ⓐ **営　業　利　益**
　　　② 経　営　資　本　　　　Ⓑ 事　業　利　益
　　　③ **自　己　資　本**　　Ⓒ 経　常　利　益
　　　　　　　　　　　　　　　　Ⓓ **当　期　純　利　益**

　　　（注）　太字はよく使用されるもの

（例示）　①Ⓐ：総資本営業利益率，②Ⓐ経営資本営業利益率，
　　　　　③Ⓐ：自己資本営業利益率など

● 分析上のポイント ●

　収益性指標である資本利益率は，分子の利益が高いほど儲かっていることを示しているので，いずれもその比率が高いほど，収益性が高いと判断される。

	比　率	判　　定
資本利益率	高　い	収益性が高い
	低　い	収益性が低い

(2) 資本利益率の分解

　資本利益率は，重要な**収益性分析**のための指標であるが，ここで分析を終了せずに，さらに，その原因を分析するために，**売上高を媒介項**として用いて，**売上高利益率**と**資本回転率**に分析することができる。

　なお，詳しくは，総資本利益率のところを参照されたい。

2　総資本利益率

(1) 総資本利益率の意義

　収益性分析の代表的な比率の一つに総資本利益率がある。

　総資本利益率（(rate of) return on asset：R O A〔アール・オー・エー〕）とは，**総資本**（**他人資本**である負債と**自己資本**である資本の合計額のこと）に対する利益の割合であり，投下した総資本に対してどの位の利益を獲得したかによって総資本の効率性（**資本収益性**ないし**投資効率性**）を分析するものである。

　この総資本は，企業が経営活動のために投下した総額であり，これに対する利益の割合（総資本利益率）は，企業の全体としての（総合的な）収益力を示す指標であり，経営効率の測定上，ＲＯＥとともに重視される指標の一つである。

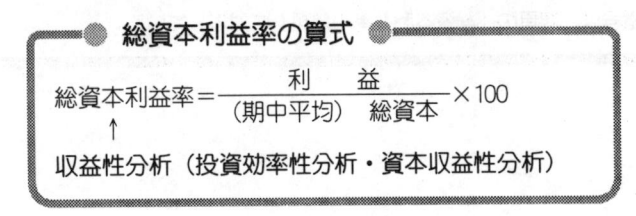

───● 総資本利益率の算式 ●───

$$総資本利益率 = \frac{利\ 益}{（期中平均）総資本} \times 100$$

　　↑
収益性分析（投資効率性分析・資本収益性分析）

● **分析上のポイント** ●

総資本利益率は，分子の利益が多いほど儲かっていることを示しているので，いずれも**その比率が高い**ほど**収益性が高い**と判断される。

	比　率	判　　定	内　　容
総資本利益率	高　い	収益性が高い	投資効率性ないし資本収益性の評価・分析
	低　い	収益性が低い	

(2) 総資本利益率の種類

総資本利益率の**種類**には，その分子としての利益を何にするかによって，種々のものがあるが，代表的なものは次のようなものである。

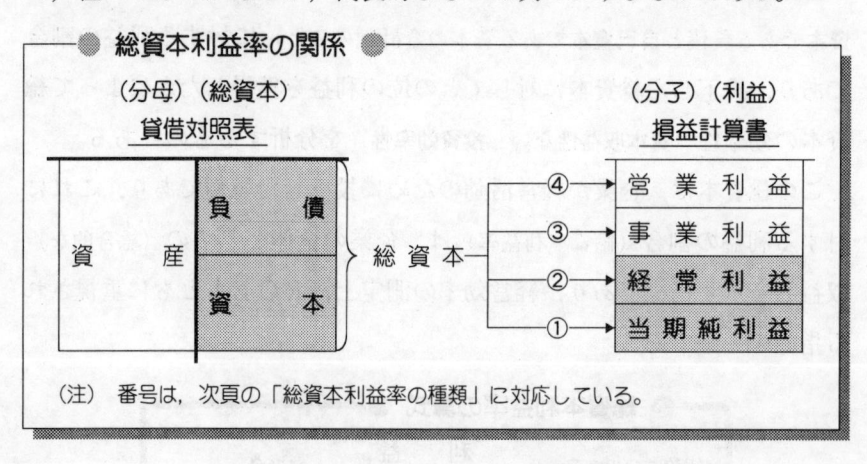

● **総資本利益率の関係** ●

（分母）（総資本）　　　　　　　　　　　（分子）（利益）
貸借対照表　　　　　　　　　　　　　　　損益計算書

資　産	負　債	⎫
	資　本	⎭ 総資本

④→ 営　業　利　益
③→ 事　業　利　益
②→ 経　常　利　益
①→ 当　期　純　利　益

（注）　番号は，次頁の「総資本利益率の種類」に対応している。

● 総資本利益率の種類 ●

比率名	算式	内容
① 総資本当期純利益率	$\dfrac{当期純利益}{総資本^*} \times 100$	企業の投下した**総資本**に対して全体としてどの位の当期純利益が稼得されたかを表わすもので，全体的な資本収益率を示す**最も基本的**な比率である。
② 総資本経常利益率	$\dfrac{経常利益}{総資本^*} \times 100$	総資本に対する経常利益の比率であり，経常的な活動からの**正常な資本収益性**を示すものである。
③ 総資本事業利益率	$\dfrac{事業利益}{総資本^*} \times 100$	総資本に対する事業利益の比率であり，**事業活動からの資本収益性**を示すものである。
④ 総資本営業利益率	$\dfrac{営業利益}{総資本^*} \times 100$	総資本に対する営業利益の比率であり，主たる営業活動からの資本収益性を示すものである。

＊ 期中平均値を使用する。

(3) 総資本利益率の分解

前述の総資本利益率による収益性分析を，そこで終了せずに，その原因を次のような形で分析できる。

・売上高を媒介項とするケース

これは，売上高を媒介項として，取引についての収益性・採算性（**取引収益性**）を示す収益性指標である**売上高利益率**と資本の運用効率を示す活動性指標である**総資本回転率**に分解するものである。

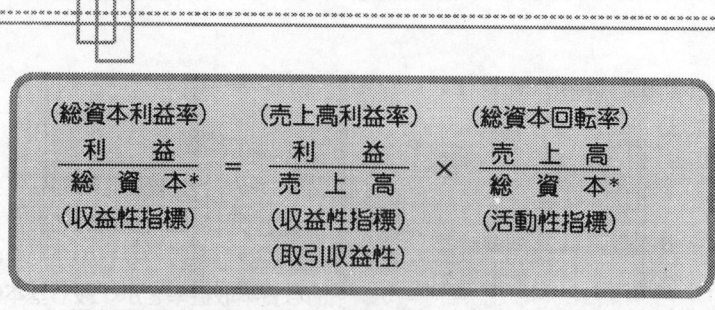

$$\underset{\text{(収益性指標)}}{\underset{\text{(総資本利益率)}}{\frac{\text{利 益}}{\text{総 資 本}^*}}} = \underset{\substack{\text{(収益性指標)}\\\text{(取引収益性)}}}{\underset{\text{(売上高利益率)}}{\frac{\text{利 益}}{\text{売 上 高}}}} \times \underset{\text{(活動性指標)}}{\underset{\text{(総資本回転率)}}{\frac{\text{売 上 高}}{\text{総 資 本}^*}}}$$

* 期中平均値を使用する。

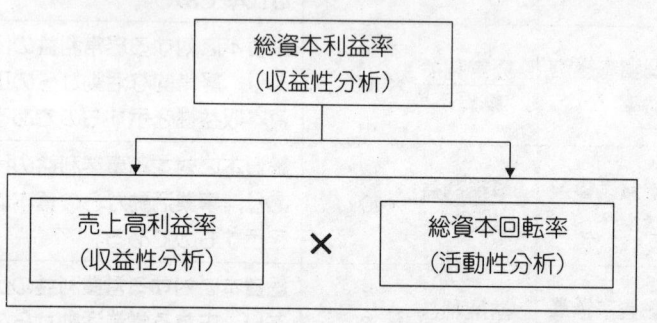

```
         総資本利益率
         (収益性分析)
          ／     ＼
  売上高利益率  ×  総資本回転率
  (収益性分析)     (活動性分析)
```

なお，総資本利益率は，売上高利益率と総資本回転率とに分解した後に，さらにその原因分析が行える。

3 自己資本利益率

(1) 自己資本利益率の意義

自己資本利益率（return on equity：ＲＯＥアール・オー・イー）とは，**株主持分利益率**とも呼ばれ，自己資本に対する利益の割合という形で収益性に関する分析を行うものである。

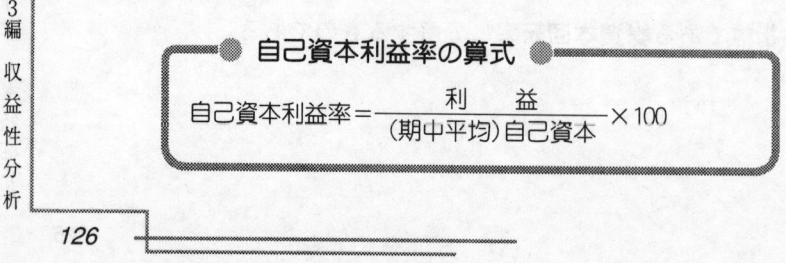

● **自己資本利益率の算式** ●

$$\text{自己資本利益率} = \frac{\text{利 益}}{\text{(期中平均)自己資本}} \times 100$$

自己資本（owned capital）とは，資本の部を指し，株主からの出資額とそれを元手として企業活動によって稼得された利益から構成される。これは，**純資産**（net asset：総資産から負債を差し引いた金額のこと），**株主持分**（shareholders' equity：株主の持分のこと）ないし**純財産**（積極財産から消極財産を差し引いた金額のこと）と呼ばれることがある。

　それゆえ，この自己資本に対する利益の割合（自己資本利益率）は，株主という出資者の観点から出資額に対する収益力（**資本効率性**ないし**投資効率性**）を示す指標である。

(2) 自己資本利益率の種類

　自己資本利益率の種類には，その分子としての利益を何にするかで，種々のものがあるが，代表的なものは，次のようなものである。

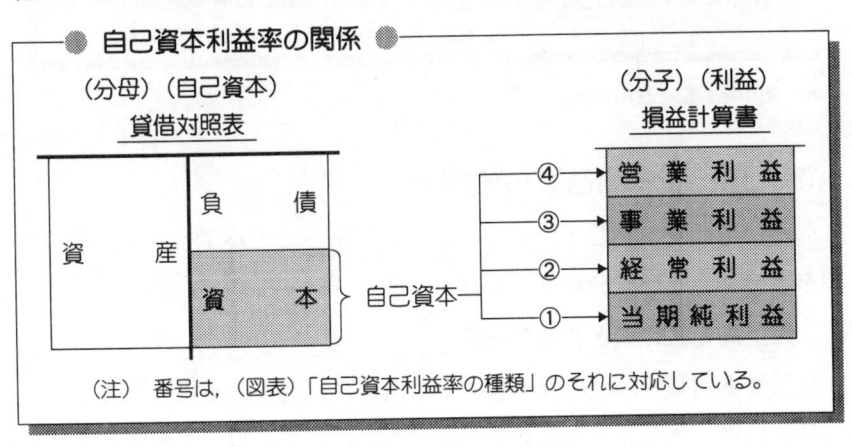

● 自己資本利益率の関係 ●

（分母）（自己資本）　　　　　　　　（分子）（利益）
　貸借対照表　　　　　　　　　　　　損益計算書

	負債		④	営業利益
資産		自己資本	③	事業利益
	資本		②	経常利益
			①	当期純利益

（注）番号は，（図表）「自己資本利益率の種類」のそれに対応している。

第9章　資本収益性分析

127

● **自己資本利益率の種類** ●

比率名	算式	内容
① 自己資本当期純利益率	$\dfrac{当期純利益}{自己資本^*} \times 100$	出資者から見て自己資本に対して全体としてどの位の当期純利益が稼得されたかを表わすもので、全体的な（自己）資本収益性を示す最も基本的な比率である。
② 自己資本経常利益率	$\dfrac{経常利益}{自己資本^*} \times 100$	自己資本に対する経常利益の比率であり、経常的な活動からの正常な資本収益性を示すものである。
③ 自己資本事業利益率	$\dfrac{事業利益}{自己資本^*} \times 100$	自己資本に対する事業利益の比率であり、事業活動からの資本収益性を示すものである。
④ 自己資本営業利益率	$\dfrac{営業利益}{自己資本^*} \times 100$	自己資本に対する営業利益の比率であり、主たる営業活動からの資本収益性を示すものである。

＊ 期中平均値を使用する。

(3) 自己資本利益率の分解

前述の自己資本利益率による収益性分析をそこで終了せずに、その**原因**を次のような形で**分析**できる。

① 売上高を媒介項とするケース

自己資本利益率は、総資本利益率と同様に、売上高を媒介項として、収益性指標である売上高利益率と活動性指標である自己資本回転率に分解できる。

╭─● **自己資本利益率の分解：売上高を媒介項** ●─╮

（自己資本利益率）＝（売上高利益率）×（自己資本回転率）

$$\frac{利益}{自己資本^*} = \frac{利益}{売上高} \times \frac{売上高}{自己資本^*}$$

（収益性指標）　　　（収益性指標）　　　（活動性指標）

＊ 期中平均値を使用する。
╰──────────────────────────────╯

　この分解によって，自己資本利益率の高い（低い）原因が，売上高利益率が高い（低い）ためなのか，ないし自己資本回転率が高い（低い）ためなのかを分析できる。

　なお，さらにそれらの原因をその構成要素により分析するやり方は，総資本利益率のやり方と同様である。

② 　**総資本を媒介項とするケース**

　これは，**総資本を媒介項**として，収益性を示す**総資本利益率**と安全性指標である**自己資本比率**に分解するものである。

╭─● **自己資本利益率の分解：総資本を媒介項** ●─╮

（自己資本利益率）＝（総資本利益率）÷（自己資本比率）

$$\frac{利益}{自己資本} = \frac{利益}{総資本} \div \frac{自己資本}{総資本}$$

（収益性指標）　　　（収益性指標）　　　（安全性指標）
╰──────────────────────────────╯

　この分解によって，自己資本利益率が高いのは，総資本利益率が高い（低い）ためなのか，ないし自己資本比率が低い（高い）ためなのかを分析できる。

第10章　取引収益性分析

● 取引収益性分析のポイント ●

摘　要	内　容
(1) 取引収益性	取引収益性の意義
(2) 売上高利益率	① 売上高利益率の種類 　　売上高経常利益率など ② 分　解 　　売上，売上原価，売上総利益率など

1　取引収益性の意義

　収益性分析の最重要な比率として，前述のように，資本に対する収益性（**資本収益性**ないし**投資効率性**）を示す**資本利益率**がある。

　そして，この資本利益率はさらに，売上高を媒介項として取引についての収益性・採算性（**取引収益性**）を示す**売上高利益率**と資本の運用効率を示す**資本回転率**に分解できる。

　このように，**取引収益性**（transaction profitability）とは，取引についての採算性のことであり，それは**売上高利益率**として示され，分析される。

> ● **分析上のポイント** ●
>
> 収益性指標である**売上高利益率**は，（分子の）利益が多いほど，儲かっていることを意味するので，**その比率が高い**ほど，**収益性は高い**と判定される。
>
> | 名　　称 | 比　率 | 判　　　定 |
> |---|---|---|
> | 売上高利益率 | 高　い | 収益性が高い |
> | | 低　い | 収益性が低い |

　この**売上高利益率**（ratio of profit to sales）は，売上高に対する利益の割合（**利幅**：margin）のことである。

　すなわち，この比率は，売上高が損益計算書上の利益を稼得するのに，どの程度役立っているかという取引の採算性を示す収益性指標である。

　そして，この比率に影響を及ぼす項目としては，次に示すように，売上高の構成要素（数量と単価）およびそこから差し引かれる種々の費用の構成要素がある。

> ● **売上高利益率に影響を及ぼす要因** ●
> ① 売上高の変動（販売単価・数量の変動）
> ② 売上原価の変動（仕入単価・数量の変動）
> ③ 販売費及び一般管理費の変動
> ④ 営業外収益の変動
> ⑤ 営業外費用の変動など

2　売上高利益率の種類

　売上高利益率の種類には，その分子としての利益を何にするかで，

種々のものがあるが，代表的なものとしては，次のようなものがある。

● **売上高利益率の種類** ●

（分母）（売上高）　　　　　　　　（分子）（利益）
損益計算書　　　　　　　　　　　損益計算書

費　用	収　益	③→	売 上 総 利 益
利　益		②→	営 業 利 益
	}売上高	①→	経 常 利 益
		→	当期純利益など

（注）番号は，次表の「売上高利益率の種類」に対応している。

● **売上高利益率の種類** ●

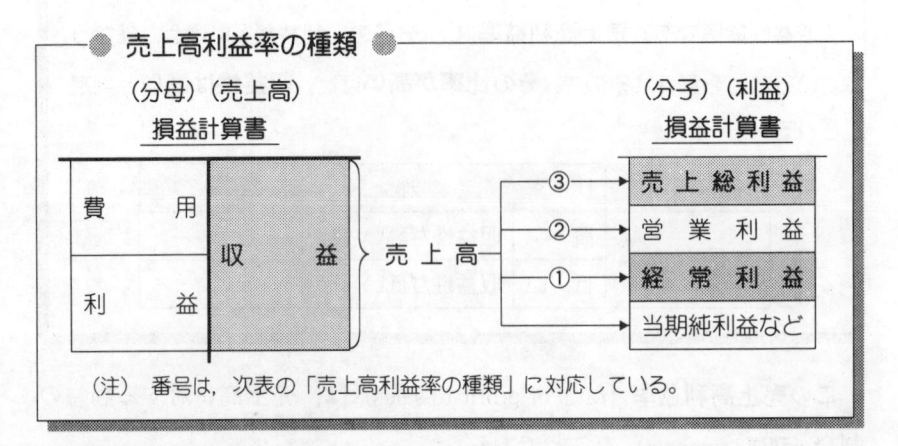

比 率 名	算　　式	内　　容
① 売上高経常利益率	$\dfrac{経常利益}{売上高} \times 100$	売上高に対する経常利益の割合，すなわち経常利益についての売上高の貢献高を示し，企業の**経常的な平均収益力**を表わす収益性指標である。
② 売上高営業利益率	$\dfrac{営業利益}{売上高} \times 100$	営業利益率とも呼ばれ，売上高に対する営業利益の割合，すなわち営業利益の稼得についての売上高の貢献度を示し，財務活動に左右されない企業の主たる営業活動からの収益力を表わす収益性指標である。
③ 売上高総利益率	$\dfrac{売上総利益}{売上高} \times 100$	売上総利益率とも呼ばれ，売上高に対する売上総利益の割合，すなわち売上総利益についての売上高の貢献度（利幅，粗利益率：gross margin ratio）を示す収益性指標である。

3 売上高利益率の分解

　売上高利益率は，さらにその比率の高低の理由（原因）を，その利益の算出される源泉となる収益や費用の各項目に求めることができ，種々の分解が可能となる。なお，売上高利益率は，**百分率損益計算書**によって示される。

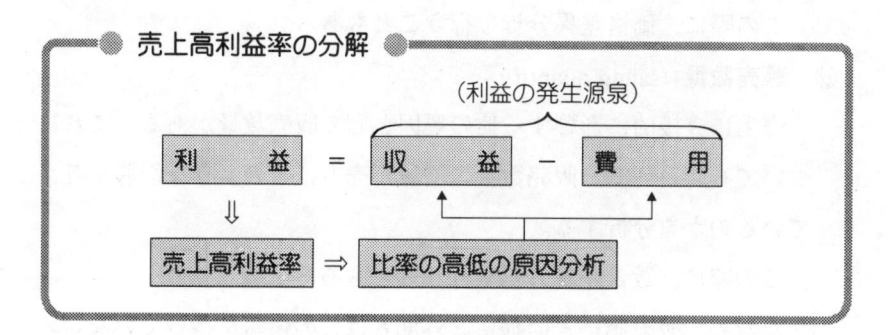

```
● 売上高利益率の分解 ●
                        （利益の発生源泉）
　　利　益　＝　　収　益　－　費　用
　　　⇓
　　売上高利益率　⇒　比率の高低の原因分析
```

　この分解の代表的なものを示せば，次のとおりである。

① **売　　　上**

　ⓐ **市場規模**（market scale）

　　売上は，まずその商品等の市場規模を把握することが大切である。そして，その市場規模が拡大しているのか，または縮少しているのかを併せて過去5年位の統計数値から把握し，さらに将来の予測を行うことも，経営分析や経営判断を行う上で大切である。

　ⓑ **市場占有率**（market share）

　　売上は，また，前述の市場規模との関連でその企業がどの位の市場占有率（マーケット・シェア）を占めているのかを時系列（3年から5年位）で分析することが大切である。

　　これにより，その企業の市場での位置を把握することができる。

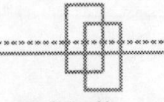

ⓒ **販売価格**（saling price）

売上に直接的に影響する要因の一つとして販売価格がある。これについて，時系列で，販売価格の上げ下げが売上にどのような影響を与えているのかを分析することが大切である。

ただし，外部者はこの情報を持っていないので，この分析は，通常内部者のみが行える。

この際に，価格差異分析を行うこともある。

ⓓ **販売数量**（saling quantity）

売上に直接的に影響する他の要因として販売数量がある。これについても時系列で，販売数量の増減が売上にどのような影響を与えているのかを分析する。

この際に，数量差異分析を行うこともある。

ただし，販売価格と同様に，外部者はこの情報を持っていないので，この分析は，通常，内部者のみが行える。

② 売 上 原 価

ⓐ **売上原価**（cost of sales）

売上を獲得するための犠牲額が売上原価である。

この売上原価の増減変化を時系列で分析することが大切である。収益性を高めるためには，売上原価をいかに低く抑えられるかが問題とされる。

なお，可能な場合には，さらに売上原価は，それを価格と数量の要素に分解して分析する。

ⓑ **売上原価率**（rate of cost of sales）

売上原価を売上高で割ったのが，売上原価率である。収益性を高めるためには，できるだけこの売上原価率を低く抑える必要がある。

$$売上原価率 = \frac{売上原価}{売上高} \times 100$$

③ 売上総利益率

売上総利益は，売上高－売上原価として算出できるので，売上総利益率は，次のように，1マイナス売上原価率に分解できる。

$$売上総利益率 = \left\{ \frac{売上高}{売上高} - \frac{売上原価}{売上高} \right\} \times 100$$
$$= (1 - 売上原価率) \times 100$$
$$= 1 - 売上原価率$$

④ 売上高経常利益の分解

経常利益は，売上高－売上原価－販売費及び一般管理費＋営業外収益－営業外費用として計算できるので，次のように，売上高営業利益率と営業外損益率とに分割することができる。

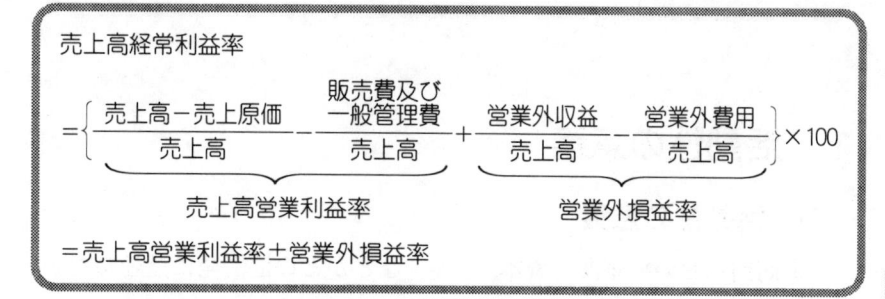

売上高経常利益率
$$= \left\{ \underbrace{\frac{売上高－売上原価}{売上高} - \frac{販売費及び一般管理費}{売上高}}_{売上高営業利益率} + \underbrace{\frac{営業外収益}{売上高} - \frac{営業外費用}{売上高}}_{営業外損益率} \right\} \times 100$$
$$= 売上高営業利益率 \pm 営業外損益率$$

● **売上高利益率と百分率損益計算書の関係** ●

売上高利益率 ➡ 百分率損益計算書で分析可能

第11章　活動性分析

● 活動性分析のポイント ●

摘　　要	内　　　　容
(1)　活動性分析	①　活動性の意義 ②　活動性分析の意義 ③　回転率の意義と分析のポイント ④　回転期間の意義と分析のポイントなど
(2)　主要比率	①　概　　要 ②　資本回転率・資本回転期間 　　意義，種類 ③　資産回転率・資産回転期間 　　意義，種類 ④　負債回転率・負債回転期間 　　意義，分析のポイント，種類

1　活動性の意義

(1)　活動性の意義

　一定期間において企業の資本（資産）などがどの位活発に運動したか，すなわち資本（資産）などがどの位有効に活用されたかを示すのが**活動性**であり，資本（資産）などの**使用効率**ないし**運用効率**を表わしている。
　より具体的には，これは，資本（資産）などの**回転率**ないし**回転期間**で示される。

この資本（資産）などの回転率は，企業の活動性に関する中心概念であり，究極的には，収益性を向上させる要因として働く。

● **活動性の意味** ●

活動性	資　本 (資産)など	使用効率 運用効率	回 転 率 回転期間	（究極的には） 収益性向上の要因

なお，ここで**回転**（turnover）とは，新旧のものが入れ替わることを意味し，例えば，資本の回転や商品（資産）の回転などのようにして使用する。

(2) 活動性分析の意義

一定期間において資本やその具体的な運用形態である資産などが**どの位活動**したか，つまり資本（資産）などが**どの位有効に活用**されたかを分析するのが**活動性分析**（activity analysis）である。

より，具体的には，資本（資産）などの回転率や回転期間により，その効率を分析するものである。

(3) 活動性分析と収益性分析の関係

活動性分析は，広い意味では，収益性分析に含まれる。すなわち，前述のように活動性分析は，収益性分析のうち資本（資産）などの活動性（つまり回転率などにより示される運用効率）の分析を目的としたものというように位置づけられる。

これは，収益性分析の総合的指標である**資本利益率**が（収益性指標である）**売上高利益率**と（活動性指標である）**資本回転率**とに分解できることからも理解できる。

● 活動性分析の位置づけ ●

（広義の）収益性分析	① （狭義の）収益性分析
	② 活動性分析

(4) 回転率の意義

① 意　義

　企業の資本（資産）などが一定期間に何回転（つまり入れ替わった）か，ないし一定期間に収益によって何回回収されたかを示すのが**回転率**（turnover rate：ＴＲ）であり，企業の資本（資産）などの活用の状況を分析するための指標である。

　この回転率は，一般に資本（資産）などが回収される売上高によって測定される。

$$資本（資産）回転率 = \frac{（年間）売上高}{（当期平均）資本（資産）在高}（回）$$

② 分析のポイント

　回転率は，企業資本（資産）の利用度を示すものなので，この回転率が高いほど，それが効率的に利用されたこと（すなわち効率的に経営が行われたこと）を意味する。

　つまり，この比率が高いほど資本（資産）効率は向上し，資本が節約され，資本コストが下がるので，その結果として，収益性が高められることになる。

　これと同時に，（売上が最終的に現金で回収されることを前提とすれば）資金繰りが改善され，流動性の向上を通じて，企業の債務支払能力を向上させ，安全性を高めることになる。

このように，資本（資産）回転率が高いほど収益性や（売上が現金回収されることを前提として）安全性にも良い影響を及ぼすこととなり，反対のときには，悪い影響を及ぼすこととなる。

(5) 回転期間の意義

① 意　義

企業の資本（資産）が1回転するのに必要な期間が**回転期間**（turnover period：TP）であり，通常，月数や日数で示すことが多い。

$$資本（資産）回転期間* = \frac{資本（資産）在高}{（月平均）売上高}（月）$$

＊　月数表示の例

② 回転期間と回転率の関係

回転期間は，回転数の逆数であり，両者は分子と分母が逆になっている。

回転期間と回転率

$$回転期間 = \frac{12}{回転率}（月） \xleftarrow{逆数} 回転率 = \frac{12}{回転期間}（回）$$

③ 分析上のポイント

回転期間は，その項目の発生から消滅までどの位の期間を要したのかを示すものであり，標準期間と比較することによって，それの活動効率の良否を判定することができる。

回転期間はそれが**短いほど，資本（資産）の運用効率は良い（高い）**ことを意味する。

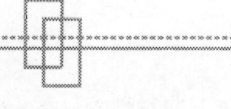

2　活動性分析の主要比率

(1)　概　　要

活動性分析を行うときに，その分母（分子）の資本（資産）などとして，何を取るかにより，大きく資本回転率，資産回転率，負債回転率に分けることができる。

● 活動性分析の主要比率 ●

摘　　要		比　　率
活動性分析の主要比率	資本回転率	総資本回転率（回転期間）
		経営資本回転率（回転期間）
		自己資本回転率（回転期間）など
	資産回転率	棚卸資産回転率（回転期間）
		固定資産回転率（回転期間）など
	負債回転率	支払勘定回転率（回転期間）など

(2)　資本回転率・資本回転期間

① **資本回転率の意義**

1年間において資本が何回転したか（何回回収されたか）という資本の運用効率を示す指標が**資本回転率**（rate of capital turnover：RCT）である。

② **資本利益率との関連**

収益性の基本指標である資本利益率は，収益性指標である売上高利益率と活動性指標である資本回転率とに分解できる。

このように，**資本回転率**は，**収益性の1構成要素**であるので，収益性を向上させるためには，資本回転率を高めることが望ましい。

③ 資本回転率の種類

資本回転率の**種類**には，どのような**資本概念**を使用するかによって種々のものが考えられるが，主要なものは，次のとおりである。

● 資本回転率の種類 ●

名　　称	算　式	内　　容
① 総資本回転率	$\dfrac{売上高}{総資本^{*}}$ （回）	総資本に対する売上高の割合のことである。1年間において総資本の何倍の売上高があり，総資本が何回転したかを示すものである。企業全体としての資本の運用効率の指標
② 自己資本回転率	$\dfrac{売上高}{自己資本^{*}}$ （回）	自己資本に対する売上高の割合のことである。1年間において自己資本の何倍の売上高があり，自己資本が何回転したかを示すものである。自己資本の運用効率の指標

＊　期中平均で計算する。

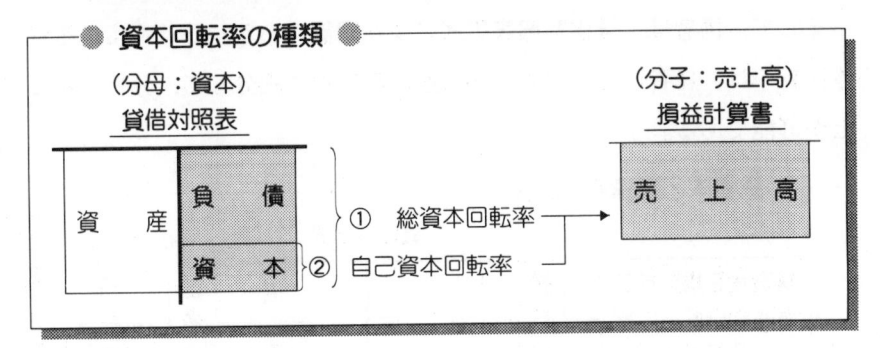

● 資本回転率の種類 ●

（分母：資本）　　　　　　　　　　（分子：売上高）
貸借対照表　　　　　　　　　　　　　損益計算書

| 資　産 | 負　債 | → ① 総資本回転率 → | 売　上　高 |
| | 資　本 | ② 自己資本回転率 | |

④ 資本回転期間の種類

資本回転期間の**種類**にも，資本回転率と同様に，どのような**資本概念**を使用するかによって種々のものが考えられるが，主要なものは，次のとおりである。

● **資本回転期間の種類：月表示のケース** ●

名　　称	算　　式	内　　容
① 総資本回転期間	$\dfrac{\text{総資本}^*}{\text{売上高} \div 12}$ （月）	売上高に対する**総資本**の割合のことである。総資本が１回転するのに何ヵ月かかるかを示す指標である。
② 自己資本回転期間	$\dfrac{\text{自己資本}^*}{\text{売上高} \div 12}$ （月）	売上高に対する**自己資本**の割合のことである。自己資本が１回転するのに何ヵ月かかるかを示す指標である。

＊　期中平均値を使用する。

⑤　総資本と総資産の関連

総資本（＝自己資本（負債）＋他人資本（資本））は，**資本の調達源泉**の側面に焦点を当てたものであるのに対して，**総資産**は，そのようにして調達された**資本の具体的な運用形態**の側面に焦点を当てたものである。

そして，両者は，**貸借対照表等式**により**同額**であり，それゆえ，総資本回転率は，総資産を構成する**各資産の回転率に細分**して，分析することが可能である。

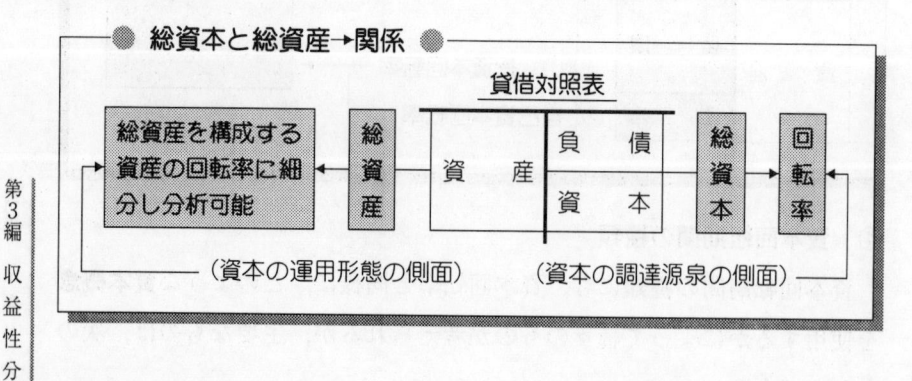

● **総資本と総資産→関係** ●

総資産を構成する資産の回転率に細分し分析可能 ← 総資産 ← 貸借対照表［資産｜負債／資本］→ 総資本 → 回転率

（資本の運用形態の側面）　　　（資本の調達源泉の側面）

(3) 資産回転率・資産回転期間

① 資産回転率の意義

1年間において資産が何回転したか（何回回収されたか）という資産の運用効率を示す指標が**資産回転率**（rate of asset turnover：RAT）である。

この比率は，前述のように，**総資本回転率の詳細分析**として位置づけられる。

すなわち，総資本の回転率は，その運用面からは，総資産を構成する各資産の回転率に分解して分析できる。

② 資産回転率の種類

資産回転率の**種類**には，どの資産をその計算の**対象**とするかにより種々のものが考えられるが，その主要なものは，次のとおりである。

● 資産回転率の種類 ●

名　称	算　式	内　容
① 棚卸資産回転率	$\dfrac{売上高}{棚卸資産^{*}}$ （回）	棚卸資産に対する売上高の割合のことであり，1年間に棚卸資産が何回転したかという棚卸資産の運用効率を示す指標である。
② 固定資産回転率	$\dfrac{売上高}{固定資産^{*}}$ （回）	固定資産に対する売上高の割合のことであり，1年間に固定資産が何回転したかという固定資産の運用効率を示す指標である。
③ 受取勘定回転率	$\dfrac{売上高}{受取手形^{*}+売掛金^{*}}$ （回）	受取勘定に対する売上高の割合のことであり，1年間に受取勘定が何回転したかという受取勘定の運用効率を示す指標である。

* 期中平均値を使用する。

第11章 活動性分析

● **資産回転率の関係** ●

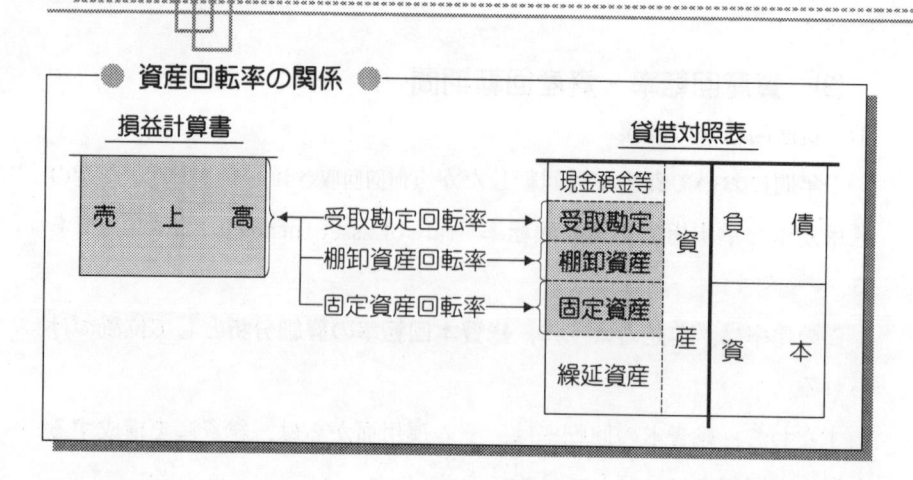

損益計算書		貸借対照表

売上高 ←受取勘定回転率→ 受取勘定
　　　 ←棚卸資産回転率→ 棚卸資産
　　　 ←固定資産回転率→ 固定資産

現金預金等／受取勘定／棚卸資産／固定資産／繰延資産 ＝資産
負債／資本

③ 資産回転期間の種類

資産回転期間の**種類**にも，資産回転率と同様に，どのような**資産概念**を使用するかによって種々のものが考えられるが，主要なものは，次のとおりである。

● **資産回転期間の種類：月表示のケース** ●

名　称	算　式	内　容
① 棚卸資産回転期間	$\dfrac{棚卸資産^{*}}{売上高 \div 12}$ （月）	売上高に対する棚卸資産の割合のことであり，棚卸資産が1回転するのに何ヵ月かかるかを示す指標である。
② 固定資産回転期間	$\dfrac{固定資産^{*}}{売上高 \div 12}$ （月）	売上高に対する固定資産の割合のことであり，固定資産が1回転するのに何ヵ月かかるかを示す指標である。
③ 受取勘定回転期間	$\dfrac{受取手形^{*}+売掛金^{*}}{売上高 \div 12}$ （月）	売上高に対する受取勘定の割合のことであり，受取勘定が1回転するのに何ヵ月かかるかを示す指標である。

＊　期中平均値を使用する。

(4) 負債回転率・負債回転期間

① 負債回転率の意義

1年間において負債が何回転したかを示す指標が**負債回転率**（rate of liability turnover：ＲＬＴ）である。

② 分析のポイント

資産のケースとは反対に，負債の回転率は低い方がよい。つまりできるだけ負債を支払わずに済む期間が長い（したがって回転率が低い）方が望ましいと判定される。

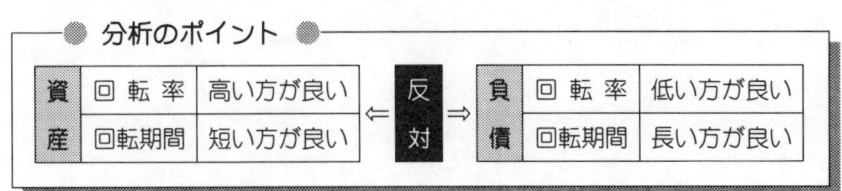

● 分析のポイント ●

資産	回転率	高い方が良い	⇐反対⇒	負債	回転率	低い方が良い
	回転期間	短い方が良い			回転期間	長い方が良い

③ 負債回転率の種類

負債回転率の**種類**には，どの**負債**を分析の**対象**とするかによって種々のものが考えられるが，その代表的なものは，次のとおりである。

● 負債回転率の種類 ●

名称	算式	内容
支払勘定回転率	$\dfrac{売上高}{支払手形*＋買掛金*}$（回）	支払勘定に対する売上高の割合のことであり，支払勘定が何回転したかを示す指標である。

＊ 期中平均値を使用する。

④ 負債回転期間の種類

負債回転期間の種類にも，負債回転率と同様に，どの負債を分析の対象とするかによって種々のものが考えられるが，その代表的なものは，次のとおりである。

● 負債回転期間の種類 ●

名　　称	算　　式	内　　容
支払勘定回転期間	$\dfrac{支払手形^* + 買掛金^*}{売上高 \div 12}$（月）	売上高に対する支払勘定の割合のことであり，支払勘定が1回転するのに何ヵ月かかるかを示す指標である。

＊　期中平均値を使用する。

第12章　その他の収益性分析

● その他の収益性分析のポイント ●

摘　　要	内　　容
(1) 損益分岐点分析	① 損益分岐点の意義 ② 損益分岐点分析 　　意義，変動費と固定費の分解，損益分岐図表，計算
(2) そ の 他	1株当たり当期純利益 　　意義，分析のポイント

1　損益分岐点分析

(1) ポイント

損益分岐点分析での主なポイントには，次のようなものがある。

● 損益分岐点分析のポイント ●

摘　　　要	内　　　容
(1) 損益分岐点分析の意義	① 損益分岐点の意義 ② 損益分岐点分析の意義
(2) 変動費と固定費の分解	① 変動費と固定費の意義 ② 個別費用法 ③ 総費用法 ④ 散布図表法 ⑤ 最小自乗法など
(3) 損益分岐点分析の計算	① 損益分岐点図表 ② 損益分岐点分析の計算 ③ 目標利益を達成するための売上高の計算 ④ 目標販売量を達成するための売上高の計算など
(4) 安全余裕率	① 安全余裕率 ② 損益分岐点比率など

(2) 損益分岐点の意義

損益分岐点（break-even point：ＢＥＰ）とは，企業の営業活動からの成果である**収益**とそのための犠牲となった**費用**とが**等しく**，その結果利益がゼロとなる売上高（販売量）のことである。

この点では，次の関係が成立する。

> **損益分岐点における売上高と原価の関係**
> ① 売上高－総原価＝0
>   総原価＝変動費＋固定費なので，
> ② 売上高－（変動費＋固定費）＝0
> ③ （売上高－変動費）－固定費＝0
>   限界利益＝売上高－変動費なので，
> ④ 限界利益－固定費＝0
> ⑤ 限界利益＝固定費

ここで，**限界利益**（marginal profit：MP）とは，売上高から変動費を差し引いた金額のことである。この限界利益から固定費が回収され，そしてさらに残余があれば，それが利益となる。

限界利益－固定費＝利益

そして，**限界利益率**（marginal profit ratio：MPR）とは，限界利益を売上高で割った割合のことである。

> **限界利益（率）の算式**
> 限界利益＝売上高×限界利益率
> $$限界利益率＝\frac{限界利益}{売上高}$$

なお，損益分岐点の考え方を図示すれば，次のとおりである。

● 損益分岐点の考え方 ●

```
売上高 − 変動費 = 限界利益 = 固定費 → 損益分岐点（損益ゼロ）
収益 − 費用（ないし総原価）＝ 0（損益分岐点）
```

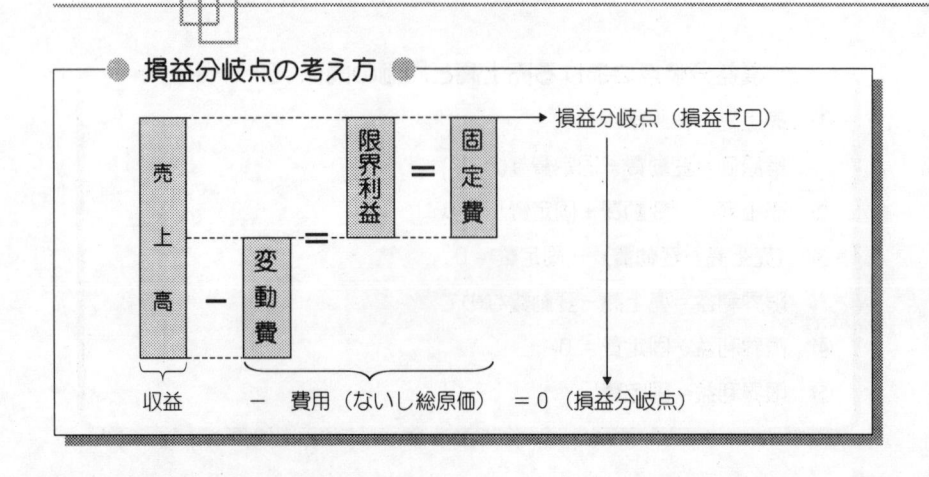

(3) 損益分岐点分析の意義

損益分岐点分析（break - even point analysis：ＢＥＰＡ）とは，狭義には，**損益分岐点**そのものを求めることであり，広義には，例えば，いくら売上高を増加させたならば，原価や利益がどの位増加するかというように，**原価・売上高・利益の関係**（cost - volume - profit relationship：ＣＶＰ関係）を分析し，利益を獲得する構造を明示し，**短期利益管理に役立つ情報を提供**するものである。

(4) 変動費と固定費の分解

① 意　　義

損益分岐点分析を行うためには，その前提として費用を変動費と固定費とに分解しなければならない。

ここに，**変動費**（variable costs：ＶＣ）とは，操業度の増加に伴って増加する性質の費用のことであり，**固定費**（fixed costs：ＦＣ）とは，操業度の増減にかかわらず，毎期一定額発生する費用のことである。

操業度との関連による費用の分類
（操業度の増減に対する原価発生の態様による分類）

変動費

原価／操業度（0から右上に伸びる直線）

直接材料費など

固定費

原価／操業度（水平線）

減価償却費，火災保険料など

② 費用の分解方法

費用の分解方法には，次のように，過去の実績データに基づくか否かにより，それに基づく方法と基づかない方法とがある。

費用の分解方法

費用の分解方法	過去のデータに基づく	Yes	① 個別費用法（費目別精査法） ② 総費用法（高低2点法） ③ 散布図表法（スキャッター・グラフ法） ④ 最小自乗法（回帰分析法）など
		No	IE法

③ 過去のデータに基づく方法

過去のデータに基づく方法には，次のようなものがある。

● 過去のデータに基づく方法 ●

摘　　要	内　　容
① 個別費用法 （費目別精査法）	各々の費用をその性質に基づいて個別的に変動費と固定費に分ける方法である。必ずしも理論的とはいえないが，簡便なので，実務上よく使用される。
② 総費用法 （高低2点法）	2期の売上高と，それぞれの総費用とによって，その2点間における総費用の差額を変動費とし，売上高についての変動費率を算定し，その後固定費を計算する方法である。 変動費率＝$\dfrac{Ⓐ総費用－Ⓑ総費用}{Ⓐ売上高－Ⓑ売上高}$＝$\dfrac{総費用増加高}{売上増加高}$ 固定費＝最高（低）時総費用－変動費率×最高（低）時売上高
③ 散布図表法 （スキャッター・グラフ法）	scatter-graph法とも呼ばれ，売上高と費用の実績値をグラフに記入し，これらの中心を結ぶ直線を引き，その勾配から変動費を求め，縦軸の交点を固定費とする方法である。
④ 最小自乗法 （回帰分析法）	過去の売上高とその費用を使用して，次の回帰分析により偏差の2乗の合計が最小になるように，次式でパラメータの値（平均線）を計算する方法である。 x：売上高，y：総費用，F：固定費額，v：変動費率，n：サンプル数 $\Sigma y = nF + v\Sigma x$ $\Sigma xy = F\Sigma x + v\Sigma x^2$

なお，散布図表法の例を示せば，次のとおりである。

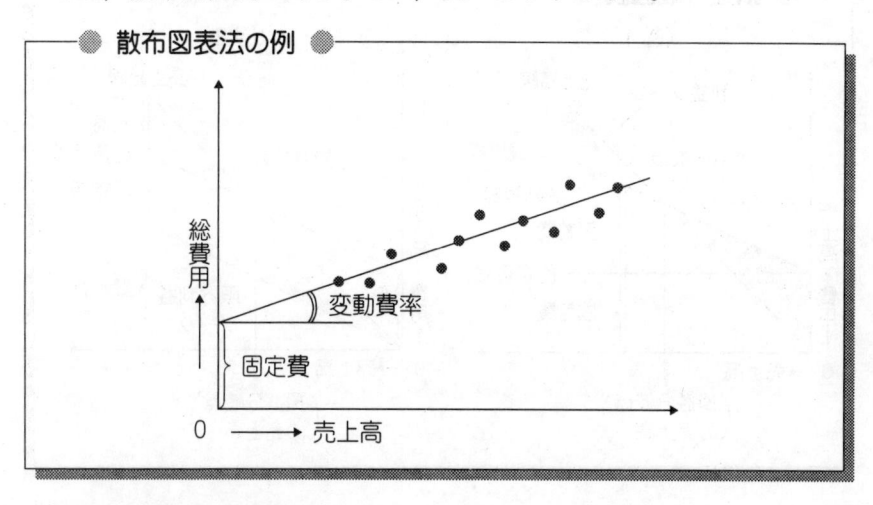

●—散布図表法の例—●

縦軸：総費用　横軸：売上高
変動費率，固定費

(5) 損益分岐図表

① 意　　義

損益分岐点分析では，次のような**損益分岐図表**（break-even chart：ＢＥＣ）が使用される。

図１の方が基本的なもので，一般的によく使われている。

他方，図２の方は，限界利益を一目で知ることができより有用であるとされる。

● 損益分岐図表 ●

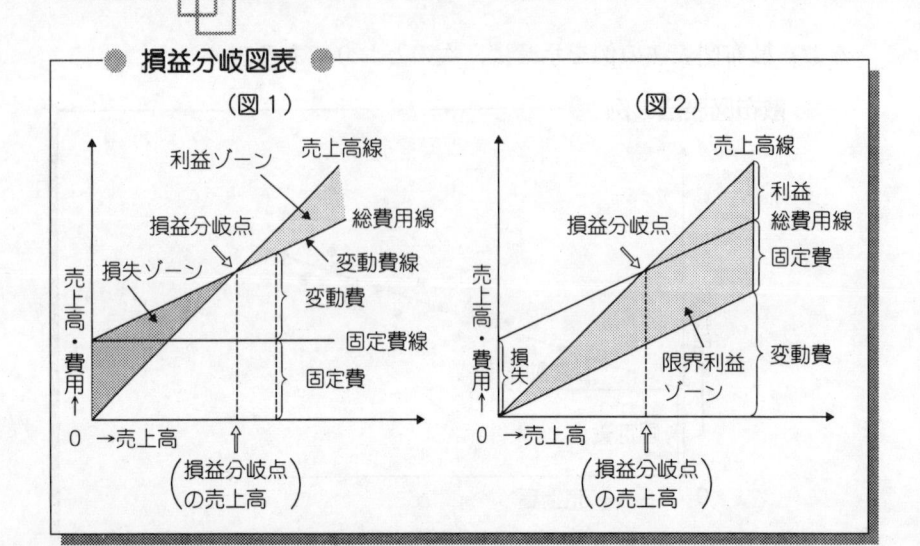

(図1) 売上高線、利益ゾーン、損益分岐点、総費用線、変動費線、損失ゾーン、変動費、固定費線、固定費、売上高・費用、→売上高、(損益分岐点)の売上高

(図2) 売上高線、利益、損益分岐点、総費用線、固定費、変動費、売上高・費用、損失、限界利益ゾーン、→売上高、(損益分岐点)の売上高

(6) 損益分岐点分析の計算

ここでは、損益分岐点分析についての代表的な算式について説明する。

① 損益分岐点の売上高

損益分岐点の売上高は、変動費と固定費の合計額に等しいので、次のように示すことができる。

$$\text{損益分岐点の売上高} = \frac{\text{固定費}}{1 - \dfrac{\text{変動費}}{\text{売上高}}}$$

② 損益分岐点の販売量

損益分岐点における販売量は、次のように求められる。

$$\text{損益分岐点の販売量} = \frac{\text{固定費}}{\text{販売単価} - \dfrac{\text{変動費}}{\text{販売数量}}}$$

$$= \frac{\text{固定費}}{\text{単位当たり限界利益}}$$

③ 目標利益を獲得するための売上高

　目標利益を獲得するための売上高は，目標利益を固定費と同様に取り扱って，固定費にその分を加える形で計算する。

$$\text{目標利益を獲得する売上高} = \frac{\text{固定費} + \text{目標利益}}{1 - \dfrac{\text{変動費}}{\text{売上高}}}$$

④ 目標利益を獲得するための販売量

　目標利益を獲得するための販売量は，目標利益を固定費と同様に取り扱い，目標利益を固定費に加算する形式で計算する。

$$\text{目標利益を獲得するための販売量} = \frac{\text{固定費} + \text{目標利益}}{\text{単位当たり限界利益}}$$

⑤ 損益分岐点比率

　実際（ないし予定）の売上高に対して損益分岐点がどの位置にあるのかを示すのが，**損益分岐点比率**（ratio of break-even point）である。

　言い換えれば，この比率は，どの位の安全性のある売上が行われているかを示す指標である。

　これは，後述の安全余裕率と裏表の関係にあり，この比率が低いほど，安全性が高く良いとされる。

$$損益分岐点比率 = \frac{損益分岐点の売上高}{実際（予定）の売上高} \times 100$$

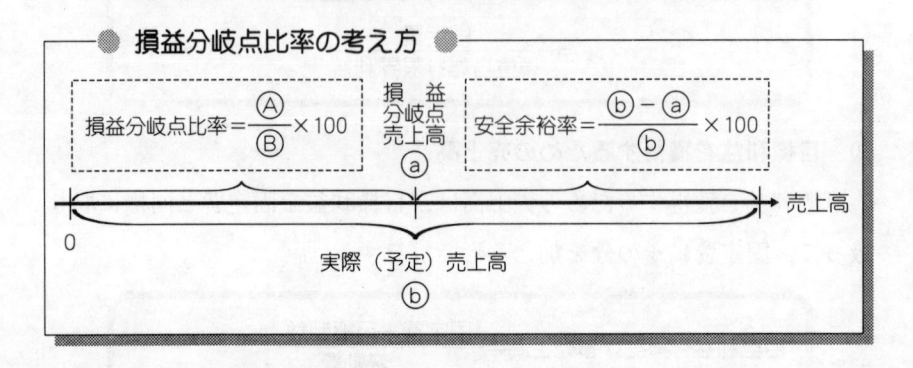

● **損益分岐点比率の考え方** ●

$$損益分岐点比率 = \frac{Ⓐ}{Ⓑ} \times 100 \qquad 損益分岐点売上高 ⓐ \qquad 安全余裕率 = \frac{ⓑ - ⓐ}{ⓑ} \times 100$$

0 ──── 実際（予定）売上高 ⓑ ──── 売上高

2 その他の収益性分析

(1) 1株当たり当期純利益

① 意　義

1株当たりの当期純利益（net profit per share for the year）とは，次式のように，発行済株式に対する当期純利益の割合を示す収益性指標である。

$$1株当たり当期純利益 = \frac{当期純利益}{（期中平均）発行済株式数} \text{（円）}$$

② 分析のポイント

利益が高いほど収益性は高いので，1株当たり当期純利益は，**その金額が高いほど**，**収益性が高い**と判定される。

● 分析のポイント ●

名　　称	金　額	判　　　　定
1株当たり当期純利益	高　い	収益性高い
	低　い	収益性低い

　この数値は，企業の全体としての収益性や株主に対する配当支払能力を分析するのに有用な指標である。

設例12－1　収益性分析

　第1章の損益計算書および貸借対照表の数値を基礎として，次の比率を計算しなさい。

　ただし，計算上の端数は，％の小数点以下第2位未満を四捨五入する。

　①総資本営業利益率，②売上高営業利益率，③総資本回転率，④（売上高）販売費及び一般管理費率，⑤流動資産回転率

▶解　答▶▶▷

① 42.55％　　② 20％　　③ 2.13回　　④ 30％

⑤ 5.26回

◁◀◀解　説◀

① 総資本営業利益率　　$42.55\% ≒ \dfrac{20,000}{(44,000+50,000) \div 2} \times 100$

② 売上高営業利益率　　$20\% = \dfrac{20,000}{100,000} \times 100$

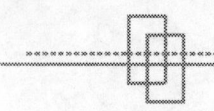

③ 総資本回転率　$2.13回 ≒ \dfrac{100,000}{(44,000+50,000) \div 2}$

④ （売上高）販売費及び一般管理費率　$30\% = \dfrac{30,000}{100,000} \times 100$

⑤ 流動資産回転率　$5.26回 ≒ \dfrac{100,000}{(18,000+20,000) \div 2}$

第4編 安全性分析

第13章　安全性分析の意義
第14章　流動性分析
第15章　健全性分析
第16章　資金変動性分析
第17章　損益計算書項目

第13章　安全性分析の意義

● 安全性分析の意義のポイント ●

摘　要	内　容
安 全 性 分 析	① 安全性分析の意義 ② 分　類 　流動性分析，健全性分析，資金変動分析など ③ 体　系 　ストック分析，フロー分析

1　安全性分析の意義

(1)　安全性分析の意義

　企業が負っている借入金などの負債を期日に返済するのに十分な現預金などを保有し，債務支払能力のあることを**(財務) 安全性**があるという。

　そして，この安全性があるかどうかを分析するのが**(財務) 安全性分析**（analysis of financial safety）である。

　そして，一般に企業の繁栄能力の分析を行う**収益性分析**と並んで企業の存続能力の分析を行う**安全性分析**を，企業の**二大経営分析**（big 2 business analyses）と呼んでいる。

● 二大経営分析 ●

二大経営分析	① 収益性分析	企業の繁栄能力の分析
	② 安全性分析	企業の存続能力の分析

　この安全性分析の中心は，企業の財務構造の特徴やその良否などを分析するために，ストックの側面としての貸借対照表の項目間の関係を資産対負債や資産対資本などの比率で分析（**貸借対照表分析**：balance sheet analysis）するものであるが，この他に，フローの側面としての収益・費用の関係（**損益計算書分析**）やキャッシュ・フローなどの関係（**キャッシュ・フロー計算書分析等**）を分析するものも含まれる。

● 安全性分析の意義のポイント ●

		摘　　要	指　　標
安全性分析	(1) ストック面	貸借対照表 短期（流動性）	流動比率，当座比率，流動負債比率など
		貸借対照表 長期（健全性）	自己資本比率，固定長期適合率，負債比率，借入金依存度，固定比率など
	(2) フロー面	損益計算書 収益・費用	インタレスト・カバレッジ・レシオ，安全余裕率，損益分岐点など
		CFSなど キャッシュ・フロー	キャッシュ・フロー・マージン，キャッシュ・フロー比率，総資本営業キャッシュ・フロー比率など

（注）　CFS：キャッシュ・フロー計算書

2 安全性分析の分類

(1) 実数・比率の観点から

安全性分析の分類には,まず,実数か比率かという観点から実数分析による方法(**実数法**)と比率分析による方法(**比率法**)とがある。

実数分析としては,例えば,キャッシュ・フロー分析などがある。

他方,比率分析としては,例えば,流動比率,固定比率などを使った分析がある。

● 安全性分析の分類①実数・比率の観点から ●

	摘 要	具 体 例
安全性分析	① 実数分析(実数法)	キャッシュ・フロー分析など
	② 比率分析(比率法)	流動比率,固定比率など

(2) 分析内容の観点から

安全性分析を,その分析内容の観点から分類するときには,次のように,**流動性分析**,**健全性分析**,**資金変動性分析**などに分けられる。

① 流動性分析

流動性分析は,企業の安全性分析のうち,特に短期的な視点に基づいて,企業の一時点での支払能力を分析するものである。

② 健全性分析

健全性分析は,企業の安全性分析のうち特に長期的な視点に基づいて企業の債務支払能力を評価するために,一時点での資本の調達とその運用に関するバランスを分析(**財務構造分析**:financial structure analysis)するものである。

③ 資金変動性分析

資金変動性分析は，企業の安全性分析のうち，特に資金の観点から，一期間における資金の調達と運用に関するバランスを分析し，特に資金ショートを起こさないかという面から安全性を分析するものである。

● 安全性分析の分類②分析内容の観点から ●

分類		内容	具体例
安全性分析	(1) 流動性分析	短期的な支払能力の分析	流動比率，当座比率，流動負債比率など
	(2) 健全性分析 ① 資本構造分析	長期的な資本の調達と運用のバランスの分析*	負債比率，自己資本比率など
	② 投資構造分析		固定比率，固定長期適合率など
	③ 利益処分性向分析		配当率，配当性向など
	(3) 資金変動性分析	資金の調達と運用のバランスの分析	キャッシュ・フロー比率など

＊ 財務構造分析

3 安全性分析の基本パターン

ここで，基本的な安全性分析の基本パターンを図示すれば，次のとおりである。

安全性分析の基本パターン

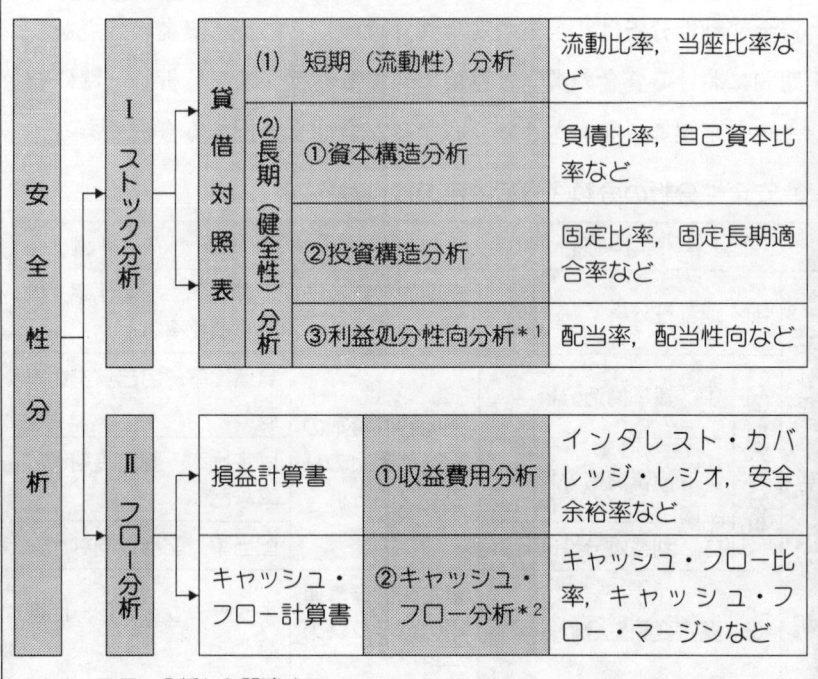

安全性分析	Ⅰ ストック分析	貸借対照表	(1) 短期（流動性）分析	流動比率，当座比率など
			(2) 長期（健全性）分析 ①資本構造分析	負債比率，自己資本比率など
			②投資構造分析	固定比率，固定長期適合率など
			③利益処分性向分析*1	配当率，配当性向など
	Ⅱ フロー分析	損益計算書	①収益費用分析	インタレスト・カバレッジ・レシオ，安全余裕率など
		キャッシュ・フロー計算書	②キャッシュ・フロー分析*2	キャッシュ・フロー比率，キャッシュ・フロー・マージンなど

*1 フロー分析とも関連する。
*2 資金変動性分析

第14章　流動性分析

● 流動性分析のポイント ●

摘　　要	内　　　　　容
流 動 性 分 析	① 流動性分析の意義 ② 主 要 比 率 　　流動比率，当座比率，流動負債比率など

1　流動性分析の意義

(1)　流動性分析の意義

　企業の短期的な資金の流れの安全性について，債務支払能力の有無を分析するのが，**流動性分析**（liquidity analysis）である。

　ここで，**流動性**（liquidity）とは，企業の短期的な支払義務（負債）と支払手段（資産）との関係を示すものであり，より具体的には，企業の短期的な債務の支払能力のことである。

　この流動性分析は，企業の安全性分析のうち特に短期的視点に立った分析である。

(2)　収益性との関係

　安全性の一つとしての流動性は，次のように，収益性と表裏の関係にある。

すなわち，例えば，収益性を高めるために，企業資本を利益率の高い資産に投下すると，流動性が低くなる可能性がある。

反対に，流動性を高めようとして流動資産に資本を拘束すると，収益性が低くなる可能性がある。

このように，両者はトレード・オフ関係にあり，両者のバランスをうまく保つことが重要となる。

2　流動性分析の比率

流動性分析に関連する主な比率には，次のようなものがある。

(1)　流 動 比 率

企業の短期的な支払能力を分析する流動性分析の代表的な比率には，流動比率や当座比率などがある。

ここに，**流動比率**（current ratio：CR）とは，企業の短期負債に対する支払能力を評価するために使用される指標であり，流動性分析で最も重視される比率の一つである。

この比率は，**2対1の原則**（2 to 1 principle）とも呼ばれ，流動資産の売却価値を帳簿価額の半分とみなすと，この比率は200％（2倍）以上であることが望ましいとされる。

この比率は，分子の返済手段としての流動資産が多いほど良いので，高いほど良いとされる。

$$流動比率 = \frac{流動資産}{流動負債} \times 100$$

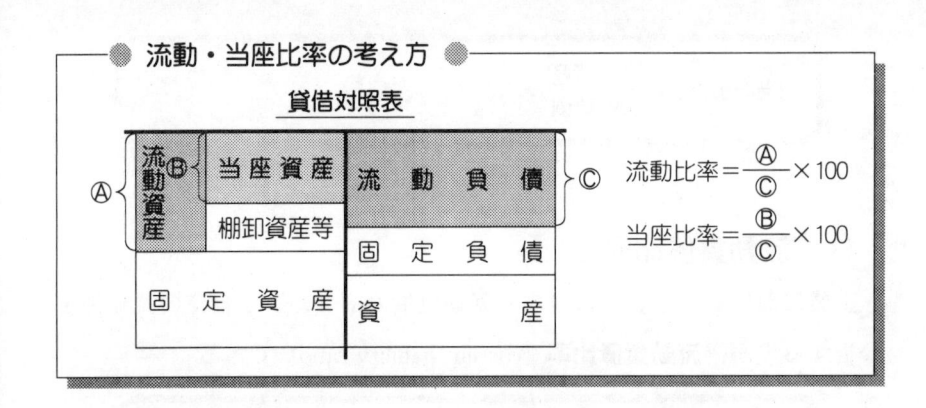

```
┌─ ◉ 流動・当座比率の考え方 ◉ ──────────────┐
│           貸借対照表                          │
│      ┌─────┬─────────┐                       │
│    ⒷⒶ│当座資産│         │Ⓒ  流動比率 = Ⓐ/Ⓒ ×100 │
│  流動├─────┤ 流動負債 │                       │
│  資産│棚卸資産等│       │    当座比率 = Ⓑ/Ⓒ ×100 │
│      ├─────┼─────────┤                       │
│      │       │ 固定負債 │                       │
│      │固定資産├─────────┤                       │
│      │       │ 資  産  │                       │
└──────────────────────────────────────────────┘
```

(2) 当座比率

① 意　　義

　企業の短期的な負債（流動負債）に対する支払いの手段（財源）を，流動資産のうちでも，より支払手段として確実性の高い当座資産に求める安全性指標が，当座比率である。

　ここで，**当座資産**（quick assets：ＱＡ）とは，例えば，現金預金，受取手形，売掛金，市場性ある有価証券，短期貸付金などのかなり換金性の高い流動資産のことであり，現金化のために販売努力を要する棚卸資産などは除いたものである。

　なお，実務的な簡便法としては，当座資産を流動資産から棚卸資産を差し引いた金額で代用することがある。

　この比率は，前述の流動比率を補完する，より厳格な比率として使用されることが多い。

　この比率は，分子の返済手段としての当座資産が多いほど良いので，高いほど良いとされ，一般的には，100％以上であることが良いとされている。

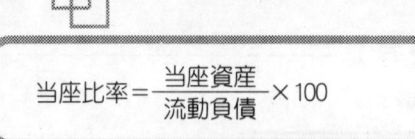

$$当座比率 = \frac{当座資産}{流動負債} \times 100$$

(3) 流動負債比率

企業における自己資本に対する流動負債の割合により企業の流動性を分析するのが，**流動負債比率** (current liability ratio) である。

$$流動負債比率 = \frac{流動負債}{自己資本} \times 100$$

流動負債は短期的に返済を要するものなので，一般的には，この比率は低い方が安全性（流動性）が高いとされる。すなわち，この比率が低い方が，一般により安定的に流動負債が返済でき，それゆえ，安全性が高いと判断される。

ただし，この比率は，貸借対照表の貸方（負債・資本）の関係のみを分析するので，借方（資産）との関係が分析できない。それゆえ，さらに，資産との関係も視野に入れた分析が必ず必要となってくる。

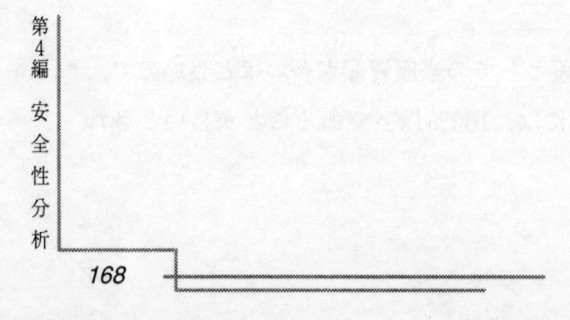

第15章　健全性分析

● 健全性分析のポイント ●

摘　　要	内　　容
健全性分析	① 健全性分析の意義 ② 分　　類 　　資本構造分析，投資構造分析，利益処分性向分析 ③ 資本構造分析 　　自己資本比率，負債比率，借入金依存度など ④ 投資構造分析 　　固定比率，固定長期適合率など ⑤ 利益処分性向分析 　　配当率，配当性向，社内留保率など

1　健全性分析

(1)　健全性分析の意義

　安全性分析のうち特に，長期的な視点に基づいて，企業の資本調達の組合わせの良否とその運用に関するバランス（財務構造）を分析するのが**健全性分析**（soundness analysis）である。

(2)　分　　類

　健全性の分析には，次のようなものに分類される。

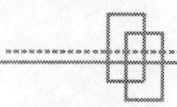

① 資本構造分析

企業の資本調達の組合わせ，つまりどのような源泉から資本調達が行われているかについての資本構成のバランスを分析するのが**資本構造分析**（capital structure analysis）である。

例えば，負債比率や自己資本比率などのように，自己資本と他人資本のバランスの良否について分析することによって，長期的な支払能力を評価するものである。

ここでは，資本調達についての安全性が分析される。

② 投資構造分析

資本の調達と運用のバランスの面から安全性を分析するのが**投資構造分析**（investment structure analysis）である。

これは，例えば，固定比率や固定長期適合率などによる資本調達の安全性を分析するものがある。

③ 利益処分性向分析

企業の利益処分の状況を分析するのが**利益処分性向分析**である。

これは，例えば，配当率や配当性向などによって，利益処分の状況から安全性を分析するものである。

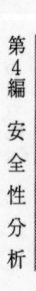

● 安全性分析と健全性分析の内容 ●

	摘　要		内　容	具体例
安全性分析	(1) 流動性分析		短期的支払能力の分析	流動比率など
	(2) 健全性分析	① 資本構造分析	資本調達面での資本構成のバランスの分析	負債比率など
		② 投資構造分析	資本の調達と運用のバランスの分析	固定比率など
		③ 利益処分性向分析	利益処分の状況の分析	配当率など
	(3) 資金変動性分析		資金調達と運用のバランスの分析	流動負債営業キャッシュ・フロー比率など

2　資本構造分析

　ここでは，資本調達面での長期的な資本構成のバランスという観点から安全性についての分析（資本構造分析）を見ていくことにする。
　この資本構造分析に関連する主な比率には，次のようなものがある。

(1)　自己資本比率

①　自己資本比率の意義

　企業の総資本に占める自己資本の割合によって，長期的視点から調達された資本の構成に基づき安全性（健全性）を分析（資本構造分析）するのが**自己資本比率**（owner's capital ratio）である。

$$自己資本比率 = \frac{自己資本}{総資本} \times 100$$

● 自己資本比率の考え方 ●

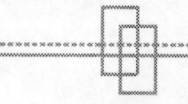

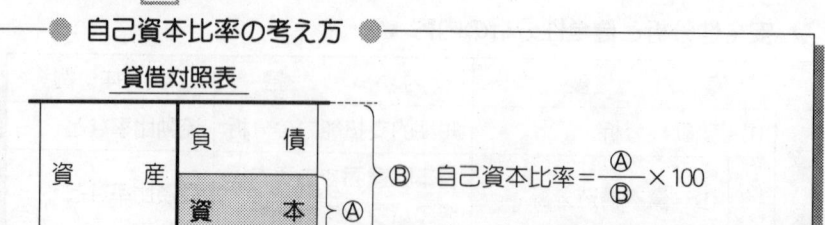

貸借対照表

資産 / 負債 Ⓐ Ⓑ

自己資本比率 = $\dfrac{Ⓐ}{Ⓑ} \times 100$

この比率は，企業の資本調達の源泉の健全性（安全性）を示す指標であり，自己資本の蓄積度を見るのに有用である。

この比率が高いほど，一般に企業に社内留保されている剰余金が多く，それゆえ借入金などの負債への依存度が低いことを示している。

したがって，負債の返済に充てることのできる資産の割合が大きくなり，負債に対する担保力（支払能力）が大きくなる。

この比率は，資本構成から企業の安全性を評価するための比率であり，負債比率の補助比率として使用され，高いほど良いとされる。

② 自己資本比率を高める方法

自己資本比率を高める方法には，次のようなものがある。

ⓐ 利益の内部留保

これは，自己資本比率を高めるため，企業活動から利益を上げ，例えば，任意積立金の積立てなどの形で内部留保する方法である。

ⓑ 増資等

企業は，増資，転換社債の転換などによって，資本金などを増加させ，その結果として自己資本比率を高めることができる。

ⓒ 負債の減少

企業は，例えば，借入金，社債などの負債を財務リストラにより返済することによって，自己資本比率を高めることができる。

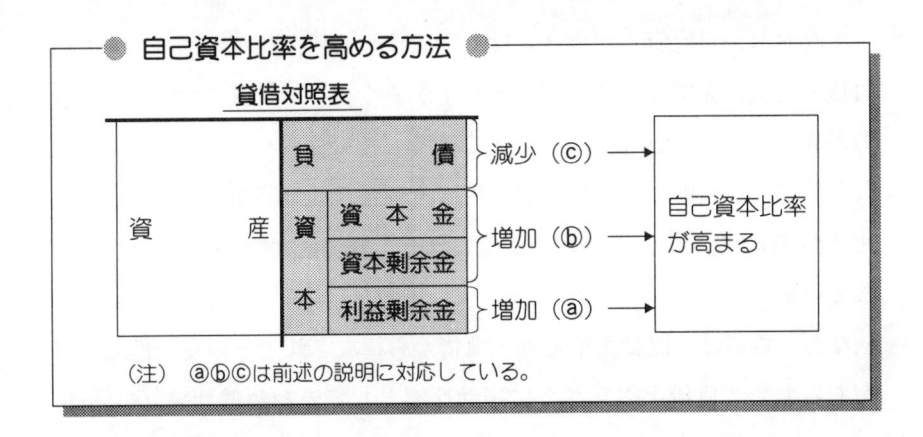

● 自己資本比率を高める方法 ●

貸借対照表

資 産	負　　　債	→減少（ⓒ）→	自己資本比率が高まる
	資本金	→増加（ⓑ）→	
	資本剰余金		
	利益剰余金	→増加（ⓐ）→	

（注）ⓐⓑⓒは前述の説明に対応している。

(2) 負債比率

① 負債比率の意義

　企業の自己資本に対する負債の割合を示す比率が**負債比率**（ratio of total liabilities to net worth）であり，資本構成から企業の健全性（安全性）を評価するための比率である。

　これは，自己資本がどこまで負債を担保し，まかなっているのか，つまりどの程度資本構成が安定し，債務の担保能力があるかどうかを示している。

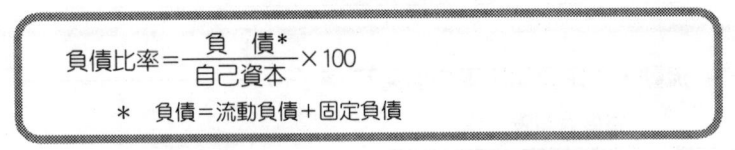

$$負債比率 = \frac{負債^*}{自己資本} \times 100$$
　　＊　負債＝流動負債＋固定負債

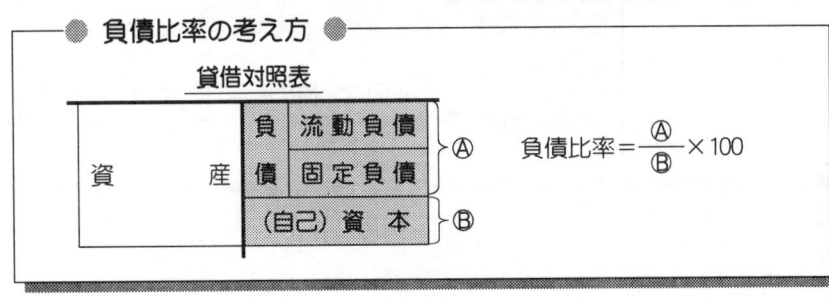

● 負債比率の考え方 ●

貸借対照表

資　産	負債	流動負債	Ⓐ
		固定負債	
	（自己）資本		Ⓑ

$$負債比率 = \frac{Ⓐ}{Ⓑ} \times 100$$

第15章　健全性分析

すなわち，自己資本が大きいほど，負債への依存度が低く，それだけ負債の返済に充てることができる資産が多くなり，負債に対する担保能力が高まる（安全性が高まる）ことを意味している。

そして，一般的には，負債の金額は，自己資本の範囲内すなわちこの比率が**100％以下**で，その比率が**低いほど**，**安全性（健全性）が高い**とされている。

なお，負債は，流動負債と固定負債から構成され，その安全性に差異があるので，負債比率をさらに**補助比率**として**流動負債比率**（current liability ratio：自己資本に対する流動負債の割合のこと）と**固定負債比率**（fixed liability ratio：自己資本に対する固定負債の割合のこと）に分けて分析できる。

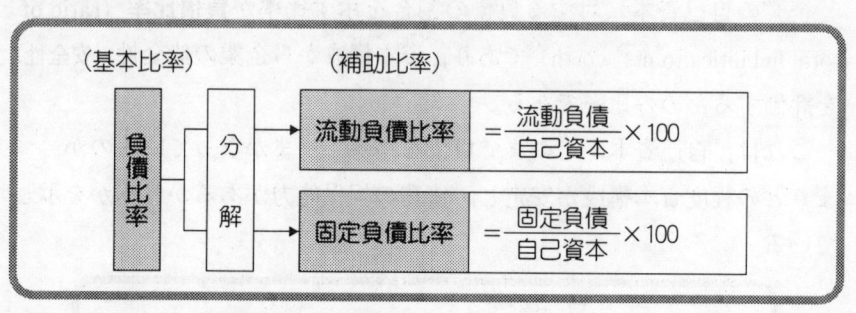

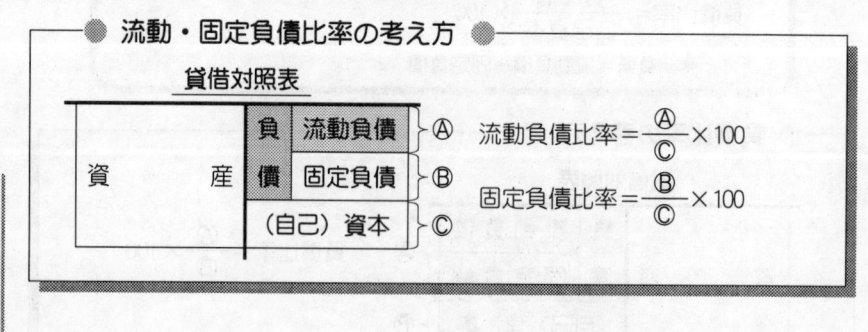

（基本比率）　　　　（補助比率）

負債比率　分解　→　流動負債比率 ＝ $\dfrac{流動負債}{自己資本} \times 100$

　　　　　　　　　　固定負債比率 ＝ $\dfrac{固定負債}{自己資本} \times 100$

● **流動・固定負債比率の考え方**

貸借対照表

資産	負債	流動負債 ─Ⓐ
		固定負債 ─Ⓑ
	（自己）資本 ─Ⓒ	

流動負債比率 ＝ $\dfrac{Ⓐ}{Ⓒ} \times 100$

固定負債比率 ＝ $\dfrac{Ⓑ}{Ⓒ} \times 100$

これらの比率は，分子の返済義務としての負債が少ないほどよいので，どちらも低いほど，良いものと判定される。

流動負債は，負債の中でも比較的短期に返済を要するものであり，これが多いと一般に安全性が低くなる。それゆえ，流動負債比率は高いほど，安全性が低いと判定されることになる。

(3) 借入金依存度

① 借入金依存度の意義

$$借入金依存度 = \frac{（広義の）借入金^*}{総資本}$$
＊ 借入金の範囲には種々のものがある。

企業の総資本に対する（広義の）借入金に対する割合が**借入金依存度**（dependence rate on borrowing to total capital）であり，企業活動のために調達した総資本のうち（広義の）借入金によるものがどの位あるかを分析する安全性（健全性）指標である。

なお，この借入金には，短期・長期借入金の他に，社債，新株予約権付社債（従来の新株引受権付社債や転換社債），さらには割引手形を含むこともある。

● 借入金の範囲 ●

借入金	① （短期・長期）借入金	狭義	広義	最広義
	② 社債（新株予約権付社債を含む）			
	③ 割引手形等			

② 分析のポイント

この比率が高いほど，借入金への依存度が高くなり，一般には，安全

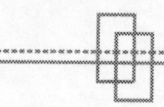

性（健全性）は低くなる。それゆえ，この比率は一般的に低いほど良いとされる。

ただし，日本の高度成長期において見られたように，借入金の支払利子率よりも総資本利益率が高いときには，収益性の面からは，借入金を増やしても設備投資等を行い，利益を上げた方が良いといえる。

それゆえ，企業の収益状況により，その判定結果が異なる可能性があるので，注意が必要である。

借入金依存度の判定

① 一 般 的

　借入金依存度は**低い方が安全性が高い**

② 特 殊

　（借入金）支払利子率 ＜ 総資本利益率のケース

　・安全性の観点からは，借入金依存度が高いことは好ましくない。
　・収益性の面からは，借入金をして生産販売を拡大した方が有利である。

---

③ 関 連 比 率

これに関連する比率として，自己資本に対する借入金の割合を示す**自己資本借入金依存度**がある。

基本的な考え方や判定の仕方は，借入金依存度と同様である。

3　投資構造分析

ここでは，長期的な資本の調達と運用のバランスという観点から安全性についての分析（投資構造分析）を見ていくことにする。

この投資構造分析に関連する主な比率には，次のようなものがある。

(1) 固定比率

① 固定比率の意義

企業の自己資本に対する固定資産の割合が**固定比率**(ratio of fixed asset to net worth)であり，企業が保有する固定資産がどの程度自己資本によってまかなわれているかによって，安全性（健全性）を判定するものである。

$$固定比率 = \frac{固定資産^{*}}{自己資本} \times 100$$

＊ これには，有形固定資産，無形固定資産，投資その他の資産が含まれる。

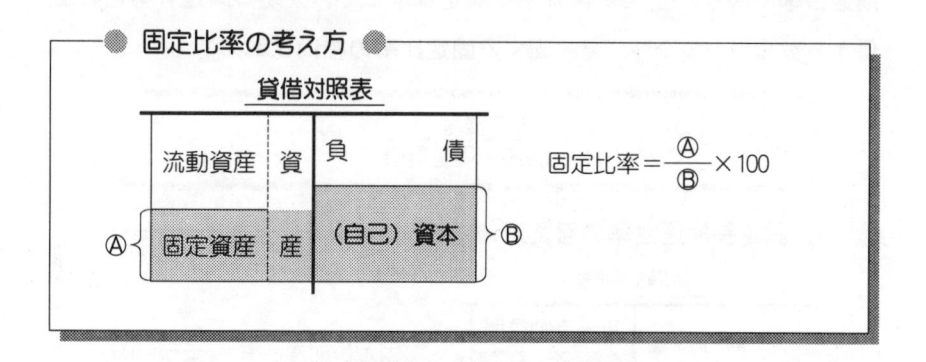

●　**固定比率の考え方**　●

貸借対照表

流動資産	資	負　　　債
Ⓐ　固定資産	産	（自己）資本　Ⓑ

$$固定比率 = \frac{Ⓐ}{Ⓑ} \times 100$$

固定比率や後述の固定長期適合率などは，資本の調達とその運用のバランス（**資産と資本のバランスという投資構造**）の観点から，企業の安全性（健全性）を分析しようとするものである。

より具体的にいえば，この固定比率は，**長期の返済不要の調達資本**（自己資本）とその**長期的な運用資産**（固定資産）との関連を分析するものである。

② 分析のポイント

固定資産は，長期にわたり収益獲得のために使用・利用するために保

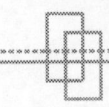

有するものであり、それゆえこれに投下される資本は、理想的には、返済不要な自己資本によってまかなわれることが安全で望ましいと考えられる。

それゆえ、一般にこの比率は **100％以下** が望ましいとされ、それが**低いほど安全性（健全性）**が高いと判定される。

(2) 固定長期適合率

① 固定長期適合率の意義

企業の自己資本と固定負債の合計額に対する固定資産の割合が**固定長期適合率**であり、企業が保有する固定資産とその長期の調達資本との関係から健全性（安全性）を評価する**固定比率の補助比率**である。

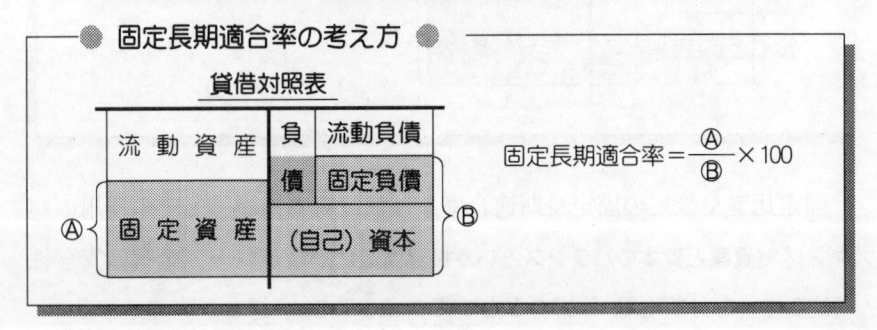

$$固定長期適合率 = \frac{固定資産}{自己資本＋固定負債} \times 100$$

● **固定長期適合率の考え方** ●

貸借対照表

流動資産	負	流動負債
Ⓐ 固定資産	債	固定負債
		（自己）資本 Ⓑ

$$固定長期適合率 = \frac{Ⓐ}{Ⓑ} \times 100$$

② 分析のポイント

固定資産は**長期に保有**されるものなので、これに投下される資本は**返済不要なもの**（自己資本）か、少なくとも**長期的に返済すればよいもの**（固定負債）で調達されていることが安全で望ましいものと考えられる。

それゆえ、この比率は、一般に **100％以下** が望ましく、またそれが**低**

いほど安全性（健全性）が高いと判定される。

4 利益処分性向分析

　ここでは，企業の利益処分の状況という観点から安全性を分析（利益処分性向分析）するものについて見ていくことにする。
　この利益処分性向分析に関連する主な比率には，次のようなものがある。

(1) 配 当 率
① 配当率の意義
　企業の資本金に対する配当金の割合が**配当率**（dividend ratio）であり，資本金（出資）に対してどの位の配当が行われたかを示す指標である。

$$配当率 = \frac{（確定）配当金＋中間配当金}{資本金} \times 100$$

② 分析のポイント
　この配当率は，株主への利益還元の状況や配当に無理がないかどうかを判断するための指標である。

(2) 配 当 性 向
① 配当性向の意義
　企業の当期純利益に対する配当金の割合が**配当性向**（dividend payout ratio）であり，これにより株主への利益還元がどの位行われているかを分析する指標である。

$$配当性向 = \frac{(確定)配当金 + 中間配当金}{当期純利益} \times 100$$

② 分析のポイント

配当性向は、どの位の配当がなされたのか、反対にいうと、どの位社内留保がなされたのかを判定する指標である。

これは、安全性の観点からは、**100％以下**が良い。

(3) 社内留保率

① 社内留保率の意義

企業の当期未処分利益に対する社内留保額の割合が**社内留保率**（ratio of internally retained income）であり、企業の当期未処分利益のうちどの位積立金などとして社内に留保したかによって健全性（安全性）を分析する指標である。

$$社内留保率 = \frac{当期未処分利益 - (配当金 + 役員賞与金)}{当期未処分利益} \times 100$$

② 分析のポイント

社内留保率は、社内留保による自己資本の増加分としての自己金融の能力の向上などについての分析に有用な指標である。

この比率は、企業側にとっては高いほど良く、一般に**50％以上**が望ましいとされる。

ただし、株主側にとっては、十分な配当による株主還元がなされることが好ましいと考える。

それゆえ、最終的には、両者のうまい**バランスが大切**である。

第16章　資金変動性分析

● 資金変動性分析のポイント ●

摘　　要	内　　　　容
資金変動性分析	① キャッシュ・フロー比率 ② 総資本営業キャッシュ・フロー比率 ③ キャッシュ・フロー・マージン ④ （キャッシュ・フロー版）インタレスト・カバレッジ・レシオなど

　ここでは，一期間における資金の調達と運用に関するバランスの分析，特に資金ショートを起こさないかという面から安全性の分析について見ていくことにする。
　この資金変動性分析に関連する主な比率には，次のようなものがある。

(1)　キャッシュ・フロー比率

① 意　　義

　流動負債に対する営業キャッシュ・フローの割合すなわち流動負債の何倍の営業キャッシュ・フローがあるかを示すものが，**キャッシュ・フロー比率**（cash flow ratio）であり，営業キャッシュ・フローでどの程度流動負債を支払うことができるかを示す安全性（流動性）指標である。これは，当座比率のキャッシュ・フロー版である。
　ここで，**営業キャッシュ・フロー**（operating cash flow）とは，キャッ

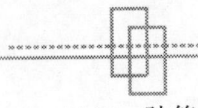

シュ・フロー計算書上の営業活動によるキャッシュ・フロー（の収支尻）のことである。

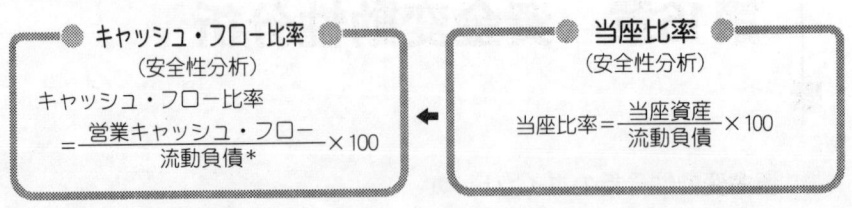

```
●  キャッシュ・フロー比率  ●              ●  当座比率  ●
     （安全性分析）                          （安全性分析）
  キャッシュ・フロー比率              当座比率 = 当座資産/流動負債 × 100
  = 営業キャッシュ・フロー/流動負債* × 100
```

＊　期中平均値を使用する。

② 分析のポイント

　営業キャッシュ・フローが**より多くなれば**，それだけ**支払能力が高くなる**ということを意味するので，この比率は**高いほど良い**（安全性が高い）と判定される。

(2) 総資本営業キャッシュ・フロー比率

① 意　　義

総資本営業キャッシュ・フロー比率（total capital to operating cash flow ratio）とは，総資本事業利益率のキャッシュ・フロー版であり，総資本に対して，どの位営業キャッシュ・フローが生み出されたかを示す安全性・収益性指標である。

```
総資本営業キャッシュ・フロー比率 = 営業キャッシュ・フロー/総資本* × 100
```

＊　期中平均値を使用する。

② 分析のポイント

　営業キャッシュ・フローが多いのは，それだけ支払能力が高いということを意味するので，この比率は高いほど良い（安全性が高い）と判定さ

れる。

③ 原因分析

　この総資本営業キャッシュ・フロー比率は，さらにその原因分析を行うために，売上高を媒介項としてキャッシュ・フロー・マージンと総資本回転率に分解することができる。

●　総資本営業キャッシュ・フロー比率の分解　●

〔総資本営業キャッシュ・フロー比率〕　〔キャッシュ・フロー・マージン〕　〔総資本回転率〕

$$\frac{営業キャッシュ・フロー}{総資本} = \frac{営業キャッシュ・フロー}{売上高} \times \frac{売上高}{総資本}$$

●　総資本営業キャッシュ・フロー比率と総資本事業利益率との関係　●

分析	基本比率	分解
収益性分析	総資本事業利益率 $= \dfrac{事業利益}{総資本}$	(売上高事業利益率)(総資本回転率) $= \dfrac{事業利益}{売上高} \times \dfrac{売上高}{総資本}$
安全性分析(キャッシュ・フロー分析)収益性分析	総資本営業キャッシュ・フロー比率 $= \dfrac{営業キャッシュ・フロー}{総資本}$	(キャッシュ・フロー・マージン) $= \dfrac{営業キャッシュ・フロー}{売上高}$ (総資本回転率) $\times \dfrac{売上高}{総資本}$

(3)　キャッシュ・フロー・マージン

① 意　義

　キャッシュ・フロー・マージン (cash flow margin) とは，売上高に対する営業キャッシュ・フローの割合のことであり，売上高がどれだけ営業キャッシュ・フローを創出（ないし裏づけ）しているのかを示す安全性・収益性の指標である。

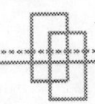

これは，売上高事業利益率のキャッシュ・フロー版ということができる。

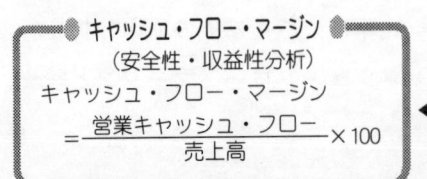

- **キャッシュ・フロー・マージン**
  （安全性・収益性分析）
  キャッシュ・フロー・マージン
  $= \dfrac{\text{営業キャッシュ・フロー}}{\text{売上高}} \times 100$

← **売上高事業利益率**
（収益性分析）
売上高事業利益率 $= \dfrac{\text{事業利益}}{\text{売上高}} \times 100$

② 分析のポイント

営業キャッシュ・フローが多いほど，その企業の支払能力がより高いということを意味するので，この比率は高いほど良い（安全性・収益性が高い）と判定される。

(4) インタレスト・カバレッジ・レシオ

① 意　義

営業キャッシュ・フローによる場合の**インタレスト・カバレッジ・レシオ**（interest coverage ratio）とは，事業利益による場合のインタレスト・カバレッジ・レシオのキャッシュ・フロー版であり，支払利息という金融費用に対して，何倍の営業キャッシュ・フローが獲得されているかを示す安全性の指標である。

- **インタレスト・カバレッジ・レシオ**
  （キャッシュ・フロー版）
  （安全性分析）
  インタレスト・カバレッジ・レシオ
  $= \dfrac{\text{営業キャッシュ・フロー}}{\text{支払利息}^{*}}$（倍）

  * 金融費用

← **インタレスト・カバレッジ・レシオ**
（事業利益版）
（安全性分析）
インタレスト・カバレッジ・レシオ
事業利益
$= \dfrac{\text{営業利益} + \text{受取利息配当金}}{\text{支払利息}^{*}}$（倍）

② 分析のポイント

　営業キャッシュ・フローが多いほど，その企業の支払能力がより高いということを意味するので，この比率は高いほど良い（安全性が高い）と判定される。

第17章　損益計算書項目

● 損益計算書項目の分析のポイント ●

摘　要	内　容
損益計算書項目の分析	① インタレスト・カバレッジ・レシオ ② 純支払利息比率 ③ 安全余裕額 ④ 安全余裕率など

　ここでは，収益・費用（損益計算項目）というフローの側面からの安全性分析について見ていくことにする。

　この損益計算項目に関連する主な比率には，次のようなものがある。

(1) インタレスト・カバレッジ・レシオ

① 意　義

　企業の支払利息に対する営業利益と受取利息配当金の合計額（**事業利益**）の割合のことを**インタレスト・カバレッジ・レシオ**（interest coverage ratio）といい，企業の金利負担能力を分析する安全性（健全性）指標である。

　これは，営業利益と受取利息配当金の合計額（事業利益）が毎期支払わなければならない金融費用の何倍あるか（何倍の利益を獲得しているか）を示すものである。

$$\text{インタレスト・カバレッジ・レシオ} = \frac{\overbrace{\text{営業利益} + \text{受取利息配当金}}^{\text{事業利益}^{*1}}}{\text{支払利息}^{*2}} \quad (倍)$$

*1 この事業利益を「当期純利益＋支払利息割引料＋法人税等」と計算することもある。
*2 金融費用を意味する。

② 分析のポイント

この比率が高いということは，金利についての負担能力が高いということを示しているので，この**比率は高いほど良い**（安全性が高い）と判定される。

また，これは，一般に**1以上である**ことが好ましいとされている。

(2) 純支払利息比率

① 意　義

企業の売上高に対する純支払利息の割合が**純支払利息比率**（net interest ratio）であり，純支払利息を売上高がどの位負担するのかを見る安全性（健全性）指標である。

$$\text{純支払利息比率} = \frac{\overbrace{\text{支払利息} - \text{受取利息配当金}}^{\text{純支払利息}}}{\text{売上高}} \times 100$$

なお，**純支払利息**（net interest）とは，支払利息から受取利息配当金を差し引いた純額として負担すべき金利のことを意味している。

$$\text{純支払利息} = \text{支払利息} - \text{受取利息配当金}$$

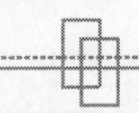

② 分析のポイント

　支払利息は一般に低いほど良いので，純支払利息比率は，それが低いほど金利負担が軽減されることを意味し，それゆえ，この比率は，低いほど良い（安全性が高い）と判断される。

(3) 安全余裕額

① 意　義

　実際の売上高から損益分岐点の売上高を差し引いた金額が**安全余裕額**（amount of margin of safety）である。

② 分析のポイント

　この金額が大きいほど，損益分岐点から遠くの点に（多くの）売上高があることを意味するので，収益力が高く，安全であるという判定ができる。

(4) 安全余裕率

① 意　義

　企業の営業活動（現在の売上水準）がどの位安全なのかを示す指標が，**安全余裕率**（rate of margin of safety：MS比率）である。

　これは，実際の売上高と損益分岐点の売上高の差を，実際の売上高で割ったもの，つまり実際の売上高が損益分岐点をどれだけ上回っているのかを示すものである。

② 分析のポイント

　企業が損益分岐点に近い売上高で経営を行うことは危険である。それゆえ，実際の売上高が，損益分岐点を上回れば上回るほど（つまり安全余裕率が高いほど）収益力があり，安全であると判定される。

また、この比率と表裏の関係にあるのが、前述の損益分岐点比率である。

設例17－1　安全性分析

第1章の損益計算書及び貸借対照表の数値を基礎として、次の比率（×2年3月31日現在）を計算しなさい。
①流動比率、②当座比率、③自己資本比率、④固定長期適合率、⑤インタレスト・カバレッジ・レシオ（通常のもの）
ただし、％の小数点以下第2位未満を四捨五入する。

▶解　答▶▶▷

① 133.33%　② 93.33%　③ 20%　④ 85.71%
⑤ 1.5(倍)

◁◀◀解　説◀

① 流動比率　$\dfrac{20,000}{15,000} \times 100 \fallingdotseq 133.33$

② 当座比率　$\dfrac{14,000^*}{15,000} \times 100 \fallingdotseq 93.33$

　＊ $14,000 = 20,000 - 6,000$

③ 自己資本比率　$\dfrac{10,000}{50,000} \times 100 = 20$

④ 固定長期適合率　$\dfrac{30,000}{10,000 + 25,000} \times 100 \fallingdotseq 85.71$

⑤ インタレスト・カバレッジ・レシオ　$\dfrac{20,000 + 10,000}{20,000} = 1.5$

第5編 その他の経営分析

第18章　生産性分析
第19章　成長性分析
第20章　キャッシュ・フロー分析
第21章　連結財務諸表分析
第22章　企 業 評 価

第18章　生産性分析

● 生産性分析のポイント ●

摘　　要	内　　容
(1) 生産性分析の意義	①　生産性の意義と内容 　　生産性の意義，測定単位，計算要素，付加価値，付加価値分析，分析のポイント，生産性の向上要因 ②　生産性分析の意義など 　　意義，主要指標，基本パターン
(2) 労働生産性比率	①　労働生産性 ②　付加価値率 ③　（従業員）1人当たり売上高など
(3) 資本生産性比率	①　（従業員）1人当たり総資本 ②　労働装備率 ③　設備投資効率 ④　資本生産性など
(4) 付加価値の分配率	①　労働分配率 ②　人件費率 ③　（従業員）1人当たり人件費など

1 生産性の意義と内容

(1) 生産性の意義

企業の**生産面**での**能力**を表わすものとして生産性がある。そして，これは，収益性の基礎となるものである。

ここに**生産性**（productivity）とは，**投入高**（input）に対する**産出高**（output）の割合のことである。

すなわち，経営分析では，企業が一期間においてどの位生産要素である労働・原材料・資本などの**投入**（input）を行い，それによってどの位生産物である**産出高**（output）を生み出したかを分析する。

ここでは，生産物をどの程度効率的に生産したかを示している。つまり，これは生産のために使用された労働や資本などの生産要素の有効利用の度合い（**生産過程での効率性**）を示す指標である。

(2) 測定単位

生産性の**測定単位**（measuring unit）には，**物量単位**（material unit）と**貨幣単位**（monetary unit）とがあり，本来は前者の**物的生産性**（material productivity）の意味で使用されるものであるが，経営分析では，後者の**価値的生産性**（value productivity）によっている。

$$生産性 = \frac{産出高（output）}{投入高（input）} \times 100$$

● 生産性の測定単位 ●

生産性の測定単位	① 物量単位	kg, 個, m, ℓ など	本　来
	② 貨幣単位	円, ドル, ユーロ など	経営分析

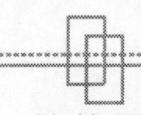

(3) 計算要素

生産性を計算する上での**分子**の**産出高**には，付加価値，売上高，生産高，生産量などが入るが，最も一般的なのは**付加価値** (value added) である。その理由は，付加価値は，企業が新たに生み出した生産物の価値を示すので，この種の数値として適切であるからである。

他方，**分母**の**投入高**には，生産の要素（生産要素）として生産のために使用される**生産設備**（資本）とそれを使用して生産を行う**労働力**（労働）があり，前者を使用したものが**資本生産性** (capital productivity)，後者を**労働生産性** (labor productivity) という。

● 生産性の計算要素 ●

計算要素		具体例	内容	
生産性	産出側	付加価値など	新たに生み出した生産物の価値など	
	投入側	資本（設備）	資本生産性	要素生産性
		労働	労働生産性	

本来，理論上は，これらの要素を合算した数値で生産性分析を行うべきであるが，それが一般に困難なので，両者を別々に分析している。すなわち，各生産要素別の生産性（**要素生産性**）を分析している。

● 生産性の基本算式 ●

	分類	具体例
生産性	(1) 資本生産性 = $\dfrac{産出高}{設備}$	価値的資本生産性[*1] = $\dfrac{付加価値など}{設備}$
	(2) 労働生産性 = $\dfrac{産出高}{従業員数}$	価値的労働生産性[*2] = $\dfrac{付加価値など}{従業員数}$

*1 この他に，物的資本生産性がある。
*2 この他に，物的労働生産性がある。

(4) 付加価値

① 意　義

前述のように，生産性の分析の中での中心概念の一つとして付加価値がある。

ここに**付加価値**（value added：VA）とは，企業の生産・販売等の事業活動によって新たにつけ加えられた生産物の価値（純生産額）のことである。

ここで，新たにつけ加えられた生産物の価値には，他の企業がすでに付加した価値部分である原材料の仕入や外注費など（他企業の生産性の価値）は含まれない。

② 種　類

付加価値には，減価償却費を含む**粗付加価値**（gross value added）と，それを含まない**純付加価値**（net value added）がある。

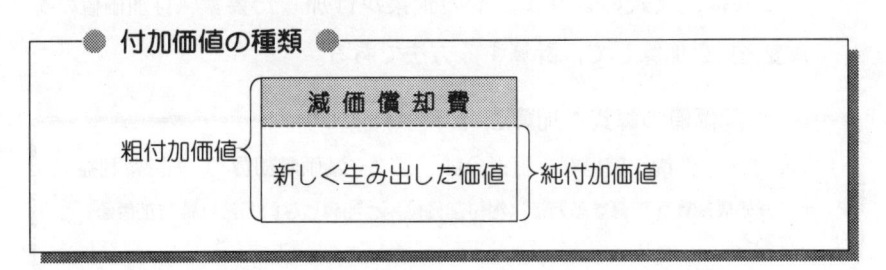

```
┌─● 付加価値の種類 ●─────────────────┐
│                ┌─────────────────┐            │
│                │   減 価 償 却 費   │            │
│     粗付加価値 ┤                 ├ 純付加価値  │
│                │  新しく生み出した価値  │            │
│                └─────────────────┘            │
└────────────────────────────────┘
```

③ 計算方法

付加価値の計算方法には，控除法（減算法）と加算法の二つがある。

　ⓐ **控除法（減算法）**（deduction method）

　　これは，次式のように，付加価値を生産高から**前給付費用**（きゅうふ）（外部から購入した生産物の価値）を差し引いて計算する方法のことである。

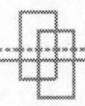

● 付加価値の算式：控除法 ●

付加価値＝生産高－前給付費用＊

＊ 前給付費用とは，生産物（製品）を生産するために投入された費用で，他の企業が創出した生産物等のことである。

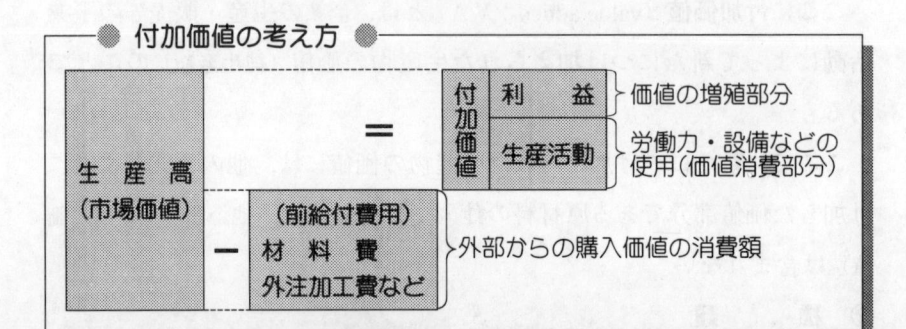

● 付加価値の考え方 ●

生産高（市場価値） ＝ 付加価値（利益：価値の増殖部分／生産活動：労働力・設備などの使用（価値消費部分）） － （前給付費用）材料費・外注加工費など：外部からの購入価値の消費額

ⓑ **加 算 法**（addition method）

これは，次式のように，その企業が付加した要素（付加価値の構成要素）を加算して，計算する方法である。

● 付加価値の算式：加算法 ●

付加価値＝人件費＋賃借料＋租税公課など（＋減価償却費＊）＋営業利益

＊ 減価償却費を加算する方法（粗付加価値）と加算しない方法（純付加価値）とがある。

(5) 付加価値分析

付加価値に関連する指標（例えば，付加価値率，労働生産性，一人当たり売上高，労働装備率，設備投資効率など）を用いて，生産要因ならびに分配関係を分析し，収益性分析を補完するものが**付加価値分析**（value added analysis）である。

生産性分析では，その主要部分は付加価値に関連する指標を用いた分析（付加価値分析）を行うので，付加価値分析は，生産性分析とほぼ同様なものとなる。

　ただし，付加価値関連指標を用いない生産性分析もありうるので，概念上は，生産性分析の方が広いものとなる。

● **生産性分析と付加価値分析** ●

| 生産性分析 | 付加価値関連指標の使用 | する | ① 付加価値分析*1 |
| | | しない | ② ①以外の生産性分析*2 |

*1　通常の分析の場合には，産出量（生産高）として付加価値を用いるので，生産性分析と付加価値分析は同様のものとなる。

*2　物的生産性の分析のときには，産出量（生産高）として付加価値を使用せず，他の物量数値を用いるので，付加価値分析とは関係しなくなる。

● 収益性分析と生産性分析 ●

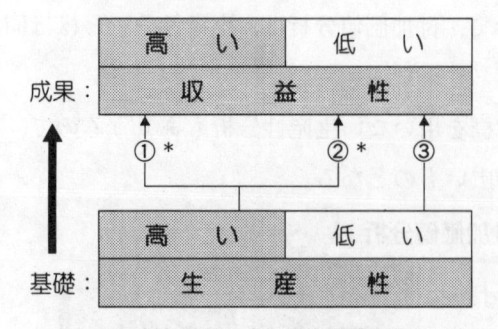

```
          ┌─── 高 い ───┬─── 低 い ───┐
成果：     │       収  益  性           │
          └──↑──────────↑──────↑──────┘
             ①*         ②*    ③
          ┌─── 高 い ───┬─── 低 い ───┐
基礎：     │       生  産  性           │
          └─────────────────────────────┘
```

* 付加価値の考え方を参照されたい。

ケース①：（理想型：生産性高い→収益性高い）

これは，生産性が高く，それゆえ多くの付加価値があり，その結果，儲け（利益）も高くなっている理想的なケースである。

ケース②：（不満型：生産性高い→収益性低い）

これは，生産性は高いが，その付加価値のうち価値の増殖を示す利益以外の生産性活動にかかわる部分（例えば，人件費や賃借料などの労働力や設備の使用に伴う価値消費部分）が多く，結果として儲けが低い（収益性が低い）という状況になっているケースである。

ケース③：（要努力型：生産性低い→収益性低い）

これは，生産性が低く，それゆえ付加価値も少なく，その結果儲け（収益性）も低くなっている状況のケースである。

このケースでは，まず生産性を上げる努力が必要であろう。

(6) 分析のポイント

企業は，できるだけ最小の投入で，できるだけ多い産出を上げることが望ましいので，この生産性比率は高いほど良い（生産性が高い）と判定される。

企業の真の収益力は，企業の生産性（生産の効率）によって裏打ちされたものでなければならない。

(7) 生産性の向上要因
生産性を向上させるためには，例えば，次のような要因を考慮すればよい。
① **販売数量を増加**させれば，付加価値は増加する。
② **販売価格を上げ**れば，付加価値は増加する。
③ **材料費・労務費・経費を削減**すれば，付加価値は増加する。
④ **設備投資**により**資本生産性を上げ**，売上高の増加や人件費などを削減すれば，生産性は向上する。
⑤ **従業員を削減**しても従前と同じ仕事が可能であれば，労働生産性は向上する。

2　生産性分析の意義

(1) 生産性分析の意義
企業の生産要素としての設備（資本）や従業員（労働）などの投入量と付加価値などの産出量との割合を算出し，その効率性（生産性）を分析するのが**生産性分析**（productivity analysis）である。

この生産性分析は，収益性分析を補完するものである。

(2) 生産性の主要指標
ここでは，生産性分析を行うときに使用される代表的な指標（比率）について見ていくことにする。

この**主要な生産性比率と生産性分析の基本パターン**は，次のようなものがある。

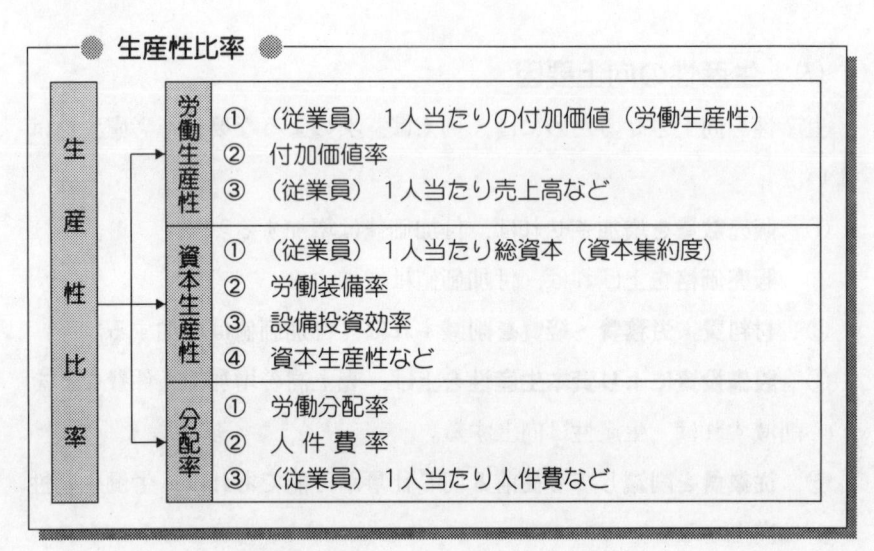

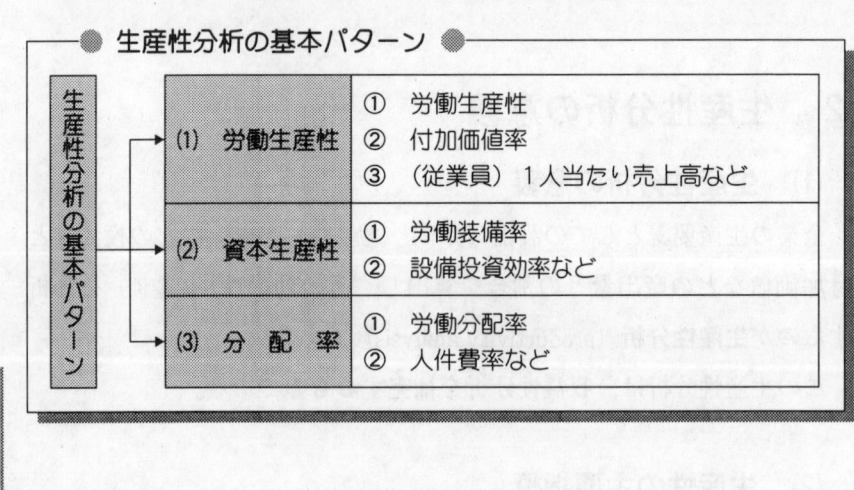

● 生産性比率 ●

生産性比率	労働生産性	① （従業員）1人当たりの付加価値（労働生産性） ② 付加価値率 ③ （従業員）1人当たり売上高など
	資本生産性	① （従業員）1人当たり総資本（資本集約度） ② 労働装備率 ③ 設備投資効率 ④ 資本生産性など
	分配率	① 労働分配率 ② 人件費率 ③ （従業員）1人当たり人件費など

● 生産性分析の基本パターン ●

生産性分析の基本パターン	(1) 労働生産性	① 労働生産性 ② 付加価値率 ③ （従業員）1人当たり売上高など
	(2) 資本生産性	① 労働装備率 ② 設備投資効率など
	(3) 分配率	① 労働分配率 ② 人件費率など

3 労働生産性比率

ここでは，生産性分析のうち，特に労働生産性に関連する主要な比率について見ていくことする。

(1) 労働生産性 (labor productivity：(従業員) 1人当たり付加価値)
① 意　　義
これは，生産要素である労働者（従業員）1人がどの位の付加価値を生み出したかという労働者の生産性を示す生産性指標である。

$$労働生産性 = \frac{付加価値}{従業員数^*} （円／人）$$
* 期中平均値を使用する。

この比率は，生産性比率の中でも特に重視されるものの一つである。

② 分析のポイント
企業が新たに生み出した価値が付加価値であるので，その付加価値が多いほど，生産性が高いということを意味する。

それゆえ，この比率は，高い方が良い（生産性が高い）と判断できる。

③ 展　　開
この労働生産性は，次のように，その原因を分析・展開することができる。

ⓐ 売上高を媒介項とするケース

$$\underset{(労働生産性)}{\frac{付加価値}{従業員数^*}} = \underset{(付加価値率)}{\frac{付加価値}{売上高}} \times \underset{((従業員) 1人当たり売上高)}{\frac{売上高}{従業員数^*}}$$
* 期中平均値を使用する。

これは，労働生産性を，売上高を媒介項として付加価値率と（従業員）1人当たり売上高とに分解・展開するものである。

ⓑ **有形固定資産を媒介項とするケース**

$$\underset{\text{(労働生産性)}}{\frac{\text{付加価値}}{\text{従業員数}^*}} = \underset{\text{(設備投資効率)}}{\frac{\text{付加価値}}{\text{有形固定資産}^*-\text{建設仮勘定}^*}}$$

$$\times \underset{\text{(労働装備率)}}{\frac{\text{有形固定資産}^*-\text{建設仮勘定}^*}{\text{従業員数}^*}}$$

* 期中平均値を使用する。

これは，労働生産性を，有形固定資産を媒介項として，設備投資効率と労働装備率とに分解・展開するものである。

ⓒ **総資本を媒介項とするケース**

これは，労働生産性を，総資本を媒介項として，総資本投資効率と資本集約度とに分解・展開するものである。

$$\underset{\text{(労働生産性)}}{\frac{\text{付加価値}}{\text{従業員数}^*}} = \underset{\text{(総資本投資効率)}}{\frac{\text{付加価値}}{\text{総資本}^*}} \times \underset{\text{(資本集約度)}}{\frac{\text{総資本}^*}{\text{従業員数}^*}}$$

* 期中平均値を使用する。

ⓓ **売上高と有形固定資産を媒介項とするケース**

$$\underset{\text{(労働生産性)}}{\frac{\text{付加価値}}{\text{従業員数}^*}} = \underset{\text{(付加価値率)}}{\frac{\text{付加価値}}{\text{売上高}}} \times \underset{\text{(有形固定資産回転率)}}{\frac{\text{売上高}}{\text{有形固定資産}^*-\text{建設仮勘定}^*}}$$

$$\times \underset{\text{(労働装備率)}}{\frac{\text{有形固定資産}^*-\text{建設仮勘定}^*}{\text{従業員数}^*}}$$

* 期中平均値を使用する。

これは，売上高と有形固定資産を媒介項として，付加価値率，有形固定資産回転率，労働装備率に分解・展開するものである。

(2) 付加価値率 (value added ratio)

① 意　　義

$$付加価値率 = \frac{付加価値}{売上高} \times 100$$

これは，売上高に対する付加価値の割合であり，企業が売上高に対してどの位価値をつけ加えたかないし企業の加工度の大小を示す生産性指標である。

② 分析のポイント

付加価値は企業が新たにつけ加えた価値なので，これが多い方が付加価値が多いことを示す。それゆえ，付加価値率は，それが高いほど良い（生産性が高い）と判断できる。

(3) (従業員) 1人当たり売上高 (sales per employee)

① 意　　義

$$(従業員) 1人当たり売上高 = \frac{売上高}{従業員数^*} \quad (円／人)$$
　　＊　期中平均値を使用する。

これは，従業員数に対する売上高の割合であり，従業員1人当たりどの位の売上高を上げたのか，つまり1人当たりの人的な生産効率を示す生産性指標である。

② 分析のポイント

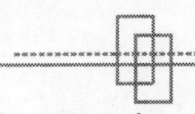

（利益を伴った）売上高が多いほど，儲けが多くなるので，この比率は，高いほど良い（生産性・収益性が高い）と判断できる。

なお，この比率を高めるためには，その分子である売上高を（例えば，付加価値を高めることにより売価を）高めるか，またはその分母である従業員数を減少させればよい。

4 資本生産性比率

ここでは，生産性分析のうち，特に資本生産性に関連する主要な比率について見ていくことにする。

(1) （従業員）1人当たり総資本

① 意　義

従業員数に対する総資本の割合が（従業員）1人当たり総資本（total capital per employee）であり，従業員1人当たりどれだけの総資本を有するかを示す資本生産性の指標である。

$$（従業員）1人当たり総資本（資本集約度）= \frac{総資本^*}{従業員数^*} （円／人）$$
＊　期中平均値を使用する。

これは，**資本集約度**（capital intensiveness）と呼ばれることもある。

② 分析のポイント

総資本が多いほど，一般に機械等がそれだけ多くなる可能性が高いと考えられるので，この比率が高いほど，資本集約的であり，生産性が高

いと判定できる。

(2) 労働装備率
① 意　　義

$$労働装備率 = \frac{有形固定資産^*（-建設仮勘定）^*}{従業員数^*} （円／人）$$
$$* \text{ 期中平均値を使用する。}$$

これは，従業員1人当たりの設備（有形固定）資産の在高のことであり，従業員1人当たりどの程度の有形固定資産投資を行っているのかという**資本集約度**（capital intensiveness）を判断する生産性指標である。

② 分析のポイント

この比率の分子は有形固定資産（設備）であり，設備投資による**合理化**や**近代化**の状況を示している。

それゆえ，有形固定資産が多いほど，一般に機械化が進み，資本集約度が高いと考えられるので，この比率は高いほど良い（労働生産性が高い）と判断できる。

(3) 設備投資効率
① 意　　義

$$設備投資効率 = \frac{付加価値}{（有形固定資産-建設仮勘定）^*} \times 100$$
$$* \text{ 期中平均値を使用する。}$$

これは，有形固定資産（設備）に対する付加価値の割合であり，設備

がどの位の付加価値を生み出しているのかを示す資本生産性指標である。

② 分析のポイント

この比率の分子は付加価値であり，これが多いほど生産性（収益性）が高いことになるので，この比率が高いほど良い（生産性・収益性が高い）と判断することができる。

(4) 資本生産性 (capital productivity)

① 意　義

$$資本生産性 = \frac{付加価値}{固定資産^*} \times 100$$

＊ 期中平均値を使用する。

これは，**固定資産対付加価値比率**と呼ばれることもあり，長期的に拘束された資本（固定資産）が，どの位の付加価値を生み出しているのかという**固定資産の投資効率**を示す資本生産性指標である。

② 分析のポイント

この比率の分子は付加価値であり，それが多いほど，生産性が高いことを示すので，この比率は高いほど良い（資本生産性が高い）と判断できる。

5　付加価値の分配率

(1) 意　義

企業によって生み出された付加価値は，それを生み出すのに貢献した，例えば，従業員，債権者，株主などの利害関係者に分配される。この比

率が付加価値の分配率である。

そして，このような利害関係者への分配が適切なものであるかどうかなどを分析するのが，**付加価値の分配分析** (distribution analysis of value added) である。

(2) 種　　類

主要な分配率には，次のようなものがある。

● **分　配　率** ●

分　配　率　① 労働分配率
　　　　　　② 人件費率など

(3) 労働分配率 (labor share)

① 意　　義

$$労働分配率 = \frac{人件費}{付加価値} \times 100$$

これは，企業によって生み出された付加価値に対する従業員への分配額である人件費の割合のことである。

これは，付加価値のうち，どの位人件費として分配されたかを示す分配率指標である。

② 分析のポイント

労働分配率の分析は，どのような利害関係者としての立場でそれを行うかによって結論が全く異なってくる。

ここでは，**外部の投資家**という立場からの分析とする。

この立場からすれば，この比率の分子が人件費（費用項目）なので，

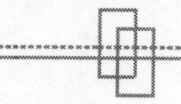

これが少ないほど，収益（売上高等）が一定と仮定すると，利益が大きくなる。

それゆえ，この場合には，この比率は，低いほど良い（従業員等への分配が少なく，その結果として収益性が高い）と判断できる。

なお，従業員の観点からは，全く異なった（反対の）分析が行われる。

(4) 人件費率 (labor cost ratio)
① 意　　義

$$人件費率 = \frac{人件費}{売上高} \times 100$$

これは，売上高に対する人件費の割合であり，売上高のうちどの位人件費として分配されたかを示す分配率指標である。

② 分析のポイント

人件費率の分析は，どのような利害関係者としての立場でそれを行うかによって結論が全く異なってくる。

ここでは，**外部の投資家**という立場からの分析とする。

この立場からすれば，この比率の分子が人件費（費用項目）なので，これが少ないほど，収益（売上高等）が一定とすると，利益が大きくなる。

それゆえ，この場合には，この比率は，低いほど良い（従業員等への分配が少なく，その結果として収益性が高い）と判断できる。

なお，従業員の観点からは，全く異なった（反対の）分析が行われる。

③ 展　　開

この人件費率は，次のように，その原因を分析・展開することができる。

> **● 付加価値を媒介項とするケース ●**
>
> （人件費率）　　（労働分配率）　　（付加価値率）
> $$\frac{人件費}{売上高} = \frac{人件費}{付加価値} \times \frac{付加価値}{売上高}$$

これは，人件費率を，付加価値を媒介項として労働分配率と付加価値率に分解・展開するものである。

② 分析のポイント

労働分配率および付加価値率については，前述の説明を参照されたい。

(5) （従業員）1人当たり人件費 (labor cost per employee)

① 意　義

これは，人件費を従業員数で除した金額のことであり，従業員1人当たりどの位の人件費が支払われているかを示す分配率指標である。

> （従業員）1人当たり人件費 $= \dfrac{人件費}{従業員数^*}$ （円／人）
> 　＊　期中平均値を使用する。

この比率は，どのような利害関係者の観点から分析を行うかで，全く結論が異なってくる。

ここでは，外部の投資家という立場からの分析とする。

この立場からすれば，分子の人件費（費用項目）が低いほど良いので，この比率は低いほど良い（従業員への分配が少なく，その結果として収益性が高い）と判断できる。

なお，従業員の観点からは，全く異なった分析が行われる。

③ 展　　開

この（従業員）1人当たり人件費は、次のように、その原因を分析・展開することができる。

● 付加価値を媒介項とするケース ●

（1人当たり人件費）　（労働分配率）　　（労働生産性）

$$\frac{人件費}{従業員数^*} = \frac{人件費}{付加価値} \times \frac{付加価値}{従業員数^*}$$

　＊　期中平均値を使用する。

これは、従業員1人当たり人件費を、付加価値を媒介項として労働分配率と労働生産性に分析・展開するものである。

設例18－1　生産性分析

第1章の損益計算書および貸借対照表の数値を基礎として、次の比率を計算しなさい。

①労働生産性、②付加価値率、③（従業員）1人当たり売上高、④労働装備率（当期末）、⑤労働分配率

なお、期中平均従業員数は10人である。また、付加価値は、減価償却費を含む、粗付加価値を意味する。

ただし、％の小数点以下第2位未満を四捨五入する。

▶解　答▶▶▷

①　5,000円　　②　50％　　③　10,000円　　④　2,000円
⑤　40％

◁◀◀解　説◀

① 労働生産性　$\dfrac{(100,000-50,000)}{10人}=5,000$

② 付加価値率　$\dfrac{(100,000-50,000)}{100,000}\times100=50$

③ （従業員）1人当たり売上高　$\dfrac{100,000}{10人}=10,000$

④ 労働装備率　$\dfrac{20,000}{10人}=2,000$

⑤ 労働分配率　$\dfrac{20,000}{(100,000-50,000)}\times100=40$

第18章　生産性分析

第19章　成長性分析

● 成長性分析のポイント ●

摘　要	内　容
(1) 成長性分析の意義	成長性分析の意義 　　成長性の意義，成長性分析の意義，種類，分析のポイント
(2) 成長性の指標	① 成長性の指標 　　主要比率，基本パターン ② 売上高増減率 ③ 付加価値増減率 ④ 利益増減率 ⑤ 負債増減率 ⑥ 資本増減率など

1　成長性分析の意義

(1)　成長性の意義

企業の売上高や規模などが過去にどの位増加してきており，将来どの位増加することが可能かの程度のことを**成長性**（growth potential）という。

(2)　成長性分析の意義

企業の過去のデータを比較検討することにより，企業が成長してきて

いるか，そしてどの位将来成長できるかを分析するのが**成長性分析** (growth analysis) である。

(3) 成長性分析の種類

短期の成長性分析では，**対前年増減率**が用いられ，**長期**の成長性分析では，一定の基準年度に対する**趨勢比率** (trend ratio) が用いられる。

● 成長性分析の種類 ●

摘　要	期　間	適 用 比 率
成長性分析	① 短　　期	対前年増減率
	② 長　　期	趨勢比率

(4) 分析のポイント

成長性の比率は，一般にプラスの増加が高いほど良い（成長性が高い）とされる。

ただし，負債増減率のように，状況によっては必ずしも増加が良いと判断されない場合もあるので，注意が必要である。

2　成長性の指標

(1) 成長性の指標

ここでは，成長性分析を行うときに使用される代表的な指標（比率）について見ていくことにする。

この**主要な成長性比率**と**成長性分析の基本パターン**は，次のようなものがある。

● 成長性比率 ●

成長性比率	① 売上高増減率
	② 付加価値増減率
	③ 利益増減率
	営業利益増減率，経常利益増減率，当期純利益増減率など
	④ 負債増減率
	⑤ 資本増減率など
	総資本（資産）増減率，自己資本増減率など

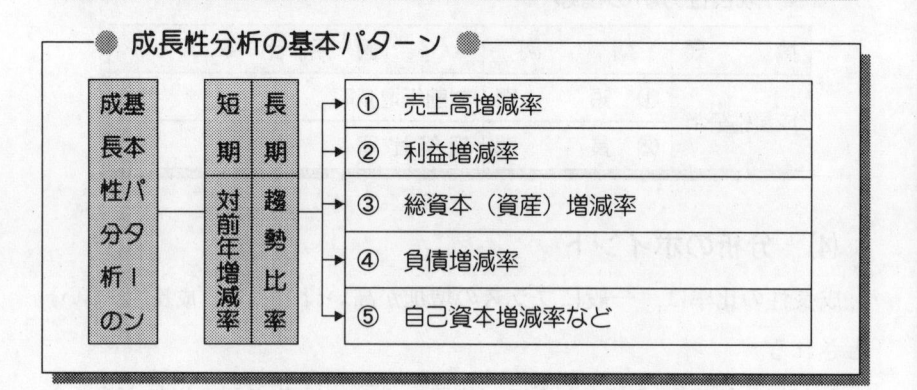

● 成長性分析の基本パターン ●

成長性分析の基本パターン	短期 対前年増減率	長期 趨勢比率	→ ① 売上高増減率
			→ ② 利益増減率
			→ ③ 総資本（資産）増減率
			→ ④ 負債増減率
			→ ⑤ 自己資本増減率など

(2) 売上高増減率

① 意　義

　企業の前期売上高に対して当期売上高がどの位増減したのかを示すのが**売上高増減率**（increase and decrease rate of sales）であり，企業の収益の成長性を見る指標である。

$$売上高増減率 = \frac{当期売上高 - 前期売上高}{前期売上高} \times 100$$

② 分析のポイント

　前期と比べ当期の売上高が多くなるほど，売上高面で企業がより成長

しているこ とになるので，この比率は，**高いほど良い**。

なお，この分析の際に，さらにその**内訳**（例えば，どのような種類・部門の売上が増減したのか）**を分析**することが重要である。

売上高は，企業の**取引の規模**（transaction scale）を示し，かつ企業の**利益や付加価値の発生源泉**となるので重要である。

(3) 付加価値増減率
① 意　　義
企業の前期の付加価値に対して当期の付加価値がどの位増減したかを示す成長性指標が**付加価値増減率**（increase and decrease rate of value added）である。

$$付加価値増減率 = \frac{当期付加価値 - 前期付加価値}{前期付加価値} \times 100$$

② 分析のポイント
前期と比較して当期の付加価値が多くなっているほど，付加価値の側面でその企業は成長していることになるので，この比率は，高いほど良い（成長性が高い）と判定される。

(4) 利益増減率
① 意　　義
企業の前期の利益に対して当期の利益がどの位増減したのかを示す成長性指標が**利益増減率**（increase and decrease rate of profit）である。

利益の追求は企業の基本目的の一つであり，利益増減率は，その利益の成長性を分析するものなので，重要な分析の一つである。

$$利益増減率 = \frac{当期利益 - 前期利益}{前期利益} \times 100$$

② 質と量の分析

企業の利益の成長性分析において，次の二つの視点から利益を見ることが大切である。

 ⓐ 利益の量（金額）

  これは，利益の増減の金額（量）の側面について分析をするものである。

 ⓑ 利益の質（源泉）

  これは，利益の増減の発生源泉（質）の側面について，分析を行うものである。

すなわち，利益の増減の原因が営業利益なのか，営業外ないし特別な利益なのかを分析する。さらに，同じ本業などからの利益であっても，それが売上高の増加（増収）によるものなのか，それとも**原価や経費の削減**（cost down）によるものなのかを分析する。

③ 分析のポイント

前期と比較して当期の利益が多くなっているほど，利益の側面では，その企業が成長していることになるので，この比率は高いほど良い（成長性が高い）と判定される。

④ 利益増減率の種類

利益増減率の**種類**には，例えば，営業利益増減率，経常利益増減率，当期純利益増減率などがある。

● **利益増減率の種類** ●

種類	算式	内容
① 営業利益増減率	$\dfrac{当期営業利益 - 前期営業利益}{前期営業利益} \times 100$	前期の**営業利益**に対して当期の営業利益がどの位増減したのかを示す指標である。 本業である主たる営業活動からの利益の増減率
② 経常利益増減率	$\dfrac{当期経常利益 - 前期経常利益}{前期経常利益} \times 100$	前期の経常利益に対して当期の経常利益がどの位増減したかを示す指標である。 企業の経常的な活動から生じた利益の増減率
③ 当期純利益増減率	$\dfrac{当期の当期純利益 - 前期の当期純利益}{前期の当期純利益} \times 100$	前期の**当期純利益**に対して当期の当期純利益がどの位増減したかを示す指標である。 企業の全体的な活動から生じた利益の増減率

(5) 負債増減率

① 意 義

　企業の前期の負債に対して当期の負債がどの位増減したのかを示すのが**負債増減率**（increase and decrease rate of liability）であり，どの位，どのように負債が増減してきたのか，そしてその将来の増減の可能性を分析するための成長性指標である。

$$負債増減率 = \dfrac{当期末負債 - 前期末負債}{前期末負債} \times 100$$

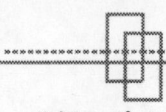

② 分析のポイント

　負債の増減が企業にとって有利なのか不利なのかは，負債の調達コスト（金利）と事業の利益率との関係で決定されるので，その状況に依存して異なった判断がなされる。

　ⓐ　支払利子率＜事業利益率のケース

　　　これは，例えば，日本の高度成長期のように，借入金利息の利率よりも事業利益率の方が高いケースであり，この場合には，借入れをしてでも事業拡大をした方が有利となる。

　　　したがって，この場合には，負債増減率は，（プラスの）増加が多い方が良いと判断できる。

　ⓑ　支払利子率＞事業利益率のケース

　　　これは，例えば，日本の平成不況期の（一般の）企業のように，借入金利息の利率よりも事業利益率の方が低いケースであり，この場合には，高利の借入金は，できるだけ財務リストラによって返済し，最低必要限にした方が有利となる。

　　　したがって，この場合には，負債増減率は，マイナスの増加が多い方が良いと判断できる。

(6)　資本増減率

① 意　　義

　企業の前期の資本に対して当期の資本がどの位増減したのかの割合が**資本増減率**（increase and decrease rate of capital）であり，どの位，どのように資本が成長してきたのかおよびその将来における成長の可能性を分析するための成長性指標である。

$$\text{資本増減率} = \frac{\text{当期末資本} - \text{前期末資本}}{\text{前期末資本}} \times 100$$

② 分析のポイント

前期と比較して当期の資本が多くなっているほど，資本の側面では，その企業が成長していることになるので，一般的にはこの比率は高いほど良い（成長性が高い）と判定される。ただし，負債との関係があるので，この側面では慎重な分析が必要である。

③ **資本増減率の種類**

資本増減率の種類には，**何を資本として使用するかに**よって，総資本（資産）増減率，自己資本増減率などがある。

● **資本増減率の種類** ●

種類	算式	内容
① 総資本（資産）増減率	$\dfrac{\text{当期末総資本（資産）} - \text{前期末総資本（資産）}}{\text{前期末総資本（資産）}} \times 100$	前期の**総資本（資産）**に対してどの位当期の総資本（資産）が増減したかの割合である。 投下資本の面から総合的に**成長性**を評価するものである。
② 自己資本増減率	$\dfrac{\text{当期末自己資本} - \text{前期末自己資本}}{\text{前期末自己資本}} \times 100$	前期の**自己資本**に対して当期の自己資本がどの位増減したかの割合を示すものである。 企業の**所有主が出資した資本の成長性**を見るものである。

設例19－1　成長性分析

第1章の損益計算書および貸借対照表の数値を基礎として，次の比率を計算しなさい。

①売上高増減率，②当期純利益増減率，③総資産増減率，④負債増減率，⑤自己資本増減率

ただし，％の小数点以下第2位未満を四捨五入する。

▶解　答▶▶▷

① 25％　　② 33.33％　　③ 13.64％　　④ 8.11％

⑤ 42.86％

◁◀◀解　説◀

① 売上高増減率　$\dfrac{100,000-80,000}{80,000} \times 100 = 25$

② 当期純利益増減率　$\dfrac{2,000-1,500}{1,500} \times 100 ≒ 33.33$

③ 総資産増減率　$\dfrac{50,000-44,000}{44,000} \times 100 ≒ 13.64$

④ 負債増減率　$\dfrac{40,000-37,000}{37,000} \times 100 ≒ 8.11$

⑤ 自己資本増減率　$\dfrac{10,000-7,000}{7,000} \times 100 ≒ 42.86$

第20章　キャッシュ・フロー分析

● キャッシュ・フロー分析のポイント ●

摘　要	内　容
(1) キャッシュ・フロー分析の意義	① キャッシュ・フロー分析の意義 　意義，主要なキャッシュ・フロー指標，基本パターンなど
(2) 現金創出能力	① 営業キャッシュ・フローとフリー・キャッシュ・フロー ② 財務キャッシュ・フローなど
(3) 収益性	① 営業キャッシュ・フロー当期純利益比率 ② 営業利益営業キャッシュ・フロー比率など
(4) 安全性	① キャッシュ・フロー比率 ② インスタント・カバレッジ・レシオなど
(5) その他	① 株価キャッシュ・フロー比率 ② １株当たり営業キャッシュ・フローなど

1　概　要

(1)　キャッシュ・フロー分析の意義

　本書において既にキャッシュ・フロー分析の意義およびその内容について前章までにかなり解説を行っている。そこで，重複を避けるため，すでに解説済のことについては，ここでの説明を省略し，それ以外のことについて見ていくことにする。

(2) キャッシュ・フロー分析の主要指標

ここでは，キャッシュ・フロー分析を行うときに使用される代表的な指標（比率など）について見ていくことにする。

この**主要なキャッシュ・フロー指標とキャッシュ・フロー分析の基本パターン**は，次のとおりである。

● キャッシュ・フロー指標 ●

キャッシュ・フロー指標		
(1) 現金創出能力	①	営業キャッシュ・フロー
	②	フリー・キャッシュ・フロー
	③	営業・投資キャッシュ・フロー
	④	財務キャッシュ・フローなど
(2) 収益性	⑤	営業キャッシュ・フロー当期純利益比率
	⑥	キャッシュ・フロー・マージン
	⑦	営業利益営業キャッシュ・フロー比率など
(3) 安全性	⑧	キャッシュ・フロー比率
	⑨	インタレスト・カバレッジ・レシオ
	⑩	営業キャッシュ・フロー適合率
	⑪	負債営業キャッシュ・フロー比率など
(4) その他	⑫	営業キャッシュ・フロー配当性向
	⑬	株価キャッシュ・フロー比率
	⑭	１株当たり営業キャッシュ・フローなど

● キャッシュ・フロー分析の基本パターン ●

キャッシュ・フロー分析の基本パターン		
(1) 現金創出能力	① 営業キャッシュ・フロー ② フリー・キャッシュ・フロー ③ 財務キャッシュ・フローなど	
(2) 収益性	① 営業利益営業キャッシュ・フロー比率 ② 営業キャッシュ・フロー当期純利益比率など	
(3) 安全性	① キャッシュ・フロー比率 ② インタレスト・カバレッジ・レシオ ③ 負債営業キャッシュ・フロー比率など	
(4) その他	① 株価キャッシュ・フロー比率など	

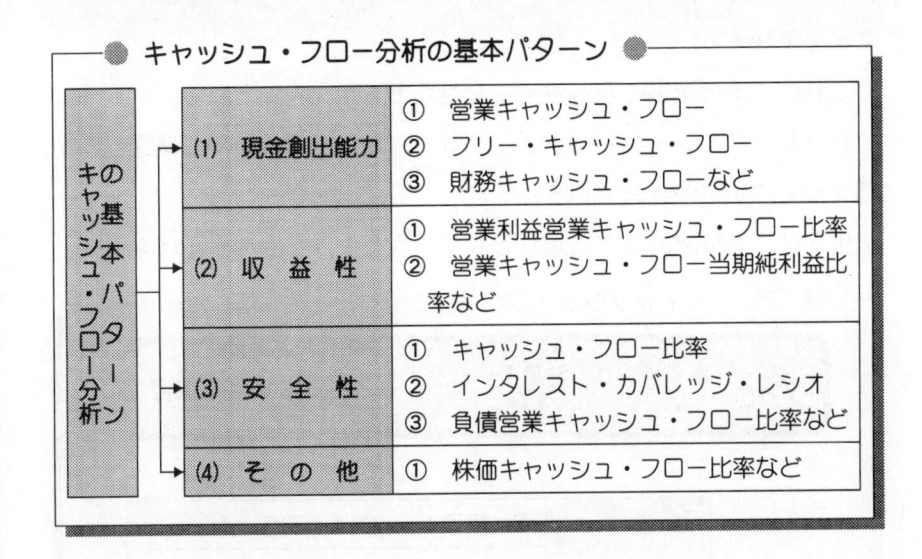

2 現金創出能力

　ここでは，キャッシュ・フロー計算書から導かれる企業の現金創出能力を評価するのに関連する指標について見ていくことにする。

(1) 営業キャッシュ・フロー

　これについては，第4章のキャッシュ・フロー計算書分析の解説を参照されたい。

(2) フリー・キャッシュ・フロー

① 意　義

　フリー・キャッシュ・フロー (free cash flow：FCF) とは，一般に営業キャッシュ・フローから不可避的に出ていく投資等の支出項目を差し引いた残額，すなわちフリー（自由）に使用しうるキャッシュ（現金）の

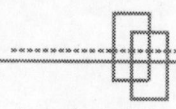

ことを意味する。

これは，その企業の収益性や安全性などを示す指標となる。

ただし，フリー・キャッシュ・フローについての統一的な概念はなく，種々のものが主張されている。

例えば，不可避的な支出項目として，次のようなものが挙げられる。

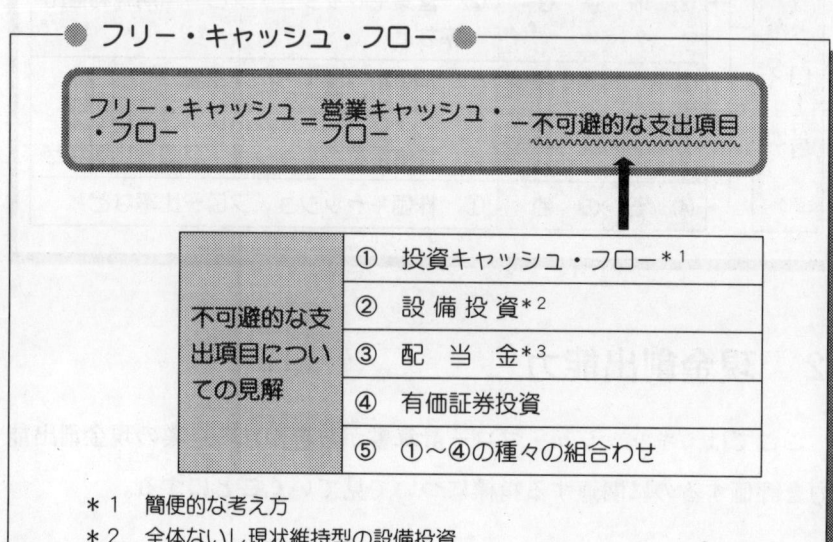

● フリー・キャッシュ・フロー ●

フリー・キャッシュ・フロー ＝ 営業キャッシュ・フロー － 不可避的な支出項目

不可避的な支出項目についての見解	①	投資キャッシュ・フロー*1
	②	設 備 投 資*2
	③	配 当 金*3
	④	有価証券投資
	⑤	①～④の種々の組合わせ

*1 簡便的な考え方
*2 全体ないし現状維持型の設備投資
*3 全体ないし安定支払分のみ

② 分析のポイント

キャッシュ・フロー経営では，その最大の基礎として，フリー・キャッシュ・フローの戦略的な最大化とその活用を目指して経営が行われる。

このフリー・キャッシュ・フローが十分に確保されて初めて，経営者は，他人（例えば，銀行など）からの拘束を受けずに，自由な経営が行えるのである。

このような意味で，一般にフリー・キャッシュ・フローは多いほど良

い（現金創出能力があり，その結果収益性や安全性が高い）と判断できる。

(3) 営業・投資キャッシュ・フロー

① 意　義

これは，営業キャッシュ・フローと投資キャッシュ・フローの合計額のことである。

なお，フリー・キャッシュ・フローの簡便法として，この数値を使用することもある。

② 分析のポイント

キャッシュ・フローの観点からは，この数値がプラスであることが望ましい。

しかし，現実には，多額の設備投資が行われた場合には，ここがマイナスになってくるのが通常である。

それゆえ，この数値がプラスが良いのかマイナスが良いのかは一概にはいえず，投資キャッシュ・フローの内容を慎重に検討して判断する必要がある。

すなわち，この数値がマイナスであっても，それが将来収益性の高い事業等への設備投資等であるときには，高く評価されなければならない。

(4) 財務キャッシュ・フロー

① 意　義

これについては，第4章のキャッシュ・フロー計算書分析の解説を参照されたい。

② 分析のポイント

ここでは，キャッシュ・フロー計算上のこの区分を分析することに

よって，企業が営業・投資キャッシュ・フローがプラスのとき，どの位債務の削減（財務リストラ）を行ったのか，反対に，それがマイナスのとき，どのように必要な資金を調達してきたのかを分析する。

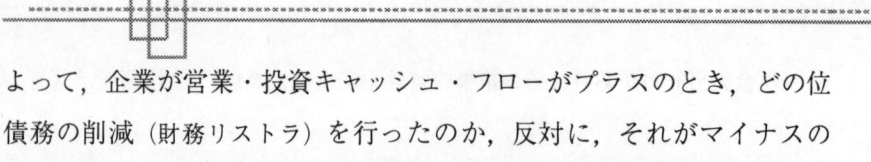

3　収益性比率

(1) 考え方

投資家の観点から投資価値のある企業とは，次のような投資リターンの高い企業である。

● 投資リターン ●
① 配当などのインカム・ゲイン（income gain）
② 株価上昇による株式等の資産の売却益というキャピタル・ゲイン（capital gain：資本利得）

この高い投資リターンの基礎は，十分な利益が上がっていることであり，この企業の収益力を分析するのが収益性分析である。

この収益性は，基本的には損益計算書上で示される利益を使用した比率で分析するのが最も合理的である。

この比率としては，前述のように，例えば，総資本利益率（ROA）や自己資本利益率（ROE）などがある。

このような分析の他に，収益性をキャッシュ・フローを用いて補足的に分析することが行われる。ただし，このキャッシュ・フローを用いた収益性分析は，利益を用いた収益性分析に代替するものではなく，あくまで両者はともに必要であり，相互に補完的な関係にあるという点に注意が必要である。

● 収益性分析 ●

摘要		内容	注意
収益性分析	① 基本的分析	利益に関連する比率 例：ROA，ROEなど	相互補完的な関係
	② 補足的分析	キャッシュ・フローに関連する比率 例：営業キャッシュ・フロー当期純利益比率など	

以下では，キャッシュ・フローを用いた収益性分析について見ていくことにする。

(2) 営業キャッシュ・フロー当期純利益比率

① 意 義

これは，営業キャッシュ・フローに対して当期純利益がどの位あるのかを示す収益性指標である。

$$\text{営業キャッシュ・フロー当期純利益比率} = \frac{\text{当期純利益}}{\text{営業キャッシュ・フロー}} \times 100$$

② 分析のポイント

この比率は，どのような観点から分析するかによって，その結論が異なってくる。

すなわち，**収益性**の観点からは，当期純利益の数値は高いほど良いので，この比率は高い方が良い（収益性が高い）と判断できる。

他方，**安全性**の観点からは，営業キャッシュ・フローが多い方が良いので，この比率は低い方が良い（安全性が高い）という反対の結論がなされる。

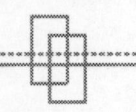

その理由は，この比率が低いほど，純利益がキャッシュ・フローにより裏づけられており，この面での利益の質が高く，黒字倒産しにくいと考えられるからである。

(3) キャッシュ・フロー・マージン

これについては，「安全性分析」での「キャッシュ・フロー・マージン」の解説を参照されたい。

(4) 営業利益営業キャッシュ・フロー比率

① 意 義

これは，営業利益に対して営業キャッシュ・フローがどの位あるのかを示す収益性指標である。

$$営業利益営業キャッシュ・フロー比率 = \frac{営業キャッシュ・フロー}{営業利益} \times 100$$

② 分析のポイント

これは，営業利益が，営業キャッシュ・フローによってどの位カバー（裏づけ）されているかを示すものであり，キャッシュ・フローの観点から**営業利益の質**を示す指標である。

すなわち，例えば，売上債権の回収期間の長期化や棚卸資産の増加などによって，この比率が100％を下回るときには，利益の質が低いものと判断される。

なお，この比率も，どのような観点に立って分析を行うかによって，その結論が異なってくる。

すなわち，**収益性**の観点からは，営業利益の数値が高いほど良いので，

この比率が低いほど良い（収益性が高い）と判断される。

他方，安全性の観点からは，営業キャッシュ・フローが多い方が良いので，この比率は高い方が良い（安全性が高い）という反対の結論となる。

4　安全性比率

(1)　考　え　方

安全性分析は，基本的には貸借対照表を中心とした従来の財務比率で分析することが有用である。

このような比率としては，例えば，流動比率や固定長期適合率などがある。

しかし，財務的な安全性を，ストック数値である貸借対照表やフロー数値ではあるが主に業績を示す損益計算書だけを使用して分析することは，企業の実態を見誤る危険性がある。そこで，これを補うものとして，より透明性の高いキャッシュ・フローを使用したキャッシュ・フロー分析を利用する。

● **安全性分析** ●

摘　　　要		内　　　容	注意
安全性分析	① 基本的分析	従来の貸借対照表を中心とする財務比率 　例：流動比率，固定長期適合率など	相互補完的な関係
	② 補足的分析	キャッシュ・フローに関連する比率 　例：キャッシュ・フロー比率など	

ここで注意すべき点は，安全性分析において，キャッシュ・フロー分析が従来の貸借対照表を中心とした財務比率による分析に代替するもの

ではなく,両者はともに必要であり,相互に補完的な関係にあるということである。

以下では,代表的な比率について,見ていくことにする。

(2) キャッシュ・フロー比率

この比率については,「安全性分析」での「キャッシュ・フロー比率」の解説を参照されたい。

(3) インタレスト・カバレッジ・レシオ

この比率については,「安全性分析」での「インタレスト・カバレッジ・レシオ」の解説を参照されたい。

(4) 営業キャッシュ・フロー適合率

① 意　義

これは,固定資産への投資や長期債務の返済のための支出に対して,どの位の営業キャッシュ・フローが創出されたかを示す安全性比率である。

$$営業キャッシュ・フロー適合率 = \frac{営業キャッシュ・フロー}{資本的支出^* + 長期債務の返済額} \times 100$$

　＊　有形固定資産を取得するための支出額

② 分析のポイント

営業キャッシュ・フローが多いということは,それだけ債務の返済等に回せるキャッシュが多くなるということを意味するので,この比率は,高いほど良い(安全性が高い)と判断できる。

逆に，もしこの比率が長期的にかなり低いときには，適切な設備投資や配当金の支払いが（自社の力だけでは）困難になると考えられる。

(5) 負債営業キャッシュ・フロー比率

① 意　義

これは，負債に対して営業キャッシュ・フローの創出能力がどの位あるのか，すなわち負債の何倍の営業キャッシュ・フローがあるのかを示す安全性指標である。

$$負債営業キャッシュ・フロー比率 = \frac{営業キャッシュ・フロー}{負債} \times 100$$

② 分析のポイント

これは，キャッシュ・フローの観点から，その企業の主たる営業活動（本業）から生み出されるキャッシュ・フローで，どの位債務を返済する能力があるのかを見るための安全性指標である。

営業キャッシュ・フローが多いほど，債務の返済能力は高くなるので，この比率が高いほど良い（安全性が高い）と判断される。

5　その他のキャッシュ・フロー比率

(1) 概　要

ここでは，その他のキャッシュ・フロー比率について見ていくことにする。

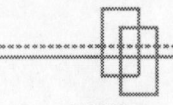

(2) 営業キャッシュ・フロー配当性向

① 意　義

これは，配当支払額をその原資である営業キャッシュ・フローで除した比率であり，営業キャッシュ・フローからどの程度配当の支払いへキャッシュが使われたのかを示す指標である。これは，**配当性向**のキャッシュ・フロー版である。

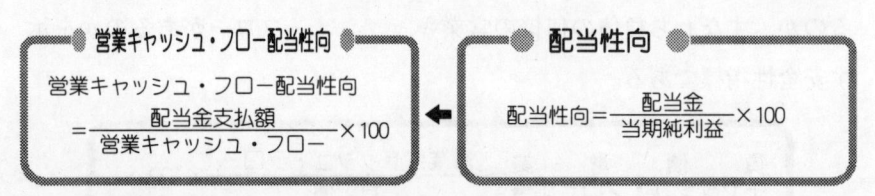

営業キャッシュ・フロー配当性向

$$営業キャッシュ・フロー配当性向 = \frac{配当金支払額}{営業キャッシュ・フロー} \times 100$$

配当性向

$$配当性向 = \frac{配当金}{当期純利益} \times 100$$

② 分析のポイント

現在の投資家の観点からは，配当金を多く受け取れる方が良いので，この比率は，高いほど良いと判断される。

企業の配当支払能力は，企業がどの位利益を上げているかということが重要な要素であるが，それと同時に，配当金支払時に手元に十分なキャッシュがあることが重要となる。この後者の観点からは，キャッシュ・フロー分析が有効となる。

(3) 株価キャッシュ・フロー比率

① 意　義

株価キャッシュ・フロー比率（price cash flow ratio：ＰＣＦＲ）とは，株価が1株当たりキャッシュ・フローの何倍あるかを示すものであり，**株価収益率**（price earning ratio：ＰＥＲ：株価が1株当たり利益の何倍まで買われるかを示す比率のこと）を，キャッシュ・フローで見た比率すなわちキャッシュ・フロー版の**株価収益率**のことである。

$$\boxed{\text{株価キャッシュ・フロー比率}\\ \text{株価キャッシュ・フロー比率} = \frac{\text{株価}}{\text{1株当たりキャッシュ・フロー*}} \times 100} \longleftarrow \boxed{\text{株価収益率}\\ \text{株価収益率}(\text{PER}) = \frac{\text{株価}}{\text{1株当たり利益}} \times 100}$$

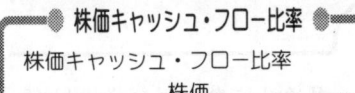

* キャッシュ・フロー＝当期純利益－(配当金＋役員賞与)＋減価償却費
　　　　　　　　　　　　　　利益処分：社外流出項目

② 分析のポイント

　この比率が高いということは，キャッシュ・フローの水準に比較して株価が相対的に高いということを意味する。

(4) 1株当たり営業キャッシュ・フロー

① 意　義

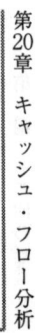

　これは，**1株当たり利益**（earnings per share：ＥＰＳ；当期純利益を発行済株式数で除した金額のこと）を，キャッシュ・フローで見た指標，つまりキャッシュ・フロー版の1株当たり利益のことである。

　この指標は，企業が1年間に1株当たり，どの位の営業キャッシュ・フローを創出しているかを示す指標である。

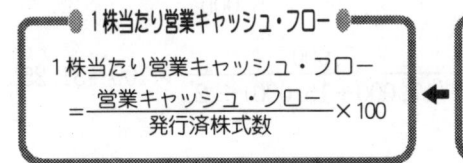

② 分析のポイント

$$\boxed{\text{1株当たり営業キャッシュ・フロー}\\ \text{1株当たり営業キャッシュ・フロー} = \frac{\text{営業キャッシュ・フロー}}{\text{発行済株式数}} \times 100} \longleftarrow \boxed{\text{1株当たり利益}\\ \text{1株当たり利益} = \frac{\text{当期純利益}}{\text{発行済株式数}} \times 100}$$

　営業キャッシュ・フローが多いほど，安全性や収益性から見ても，それらが高いと考えられるので，この比率は高いほど良いとされる。

　これは，**株主への（潜在的な）還元力**を示す指標の一つである。

設例20－1　キャッシュ・フロー分析

第1章のキャッシュ・フロー計算書，損益計算書および貸借対照表の数値を基礎として，次の比率等を計算しなさい。

①営業キャッシュ・フロー，②フリー・キャッシュ・フロー，③営業利益営業キャッシュ・フロー比率，④営業キャッシュ・フロー当期純利益比率，⑤キャッシュ・フロー比率

ただし，％の小数点以下第2位未満を四捨五入する。

▶解　答▶▶▷

① 5,000　② 3,000　③ 25%　④ 40%
⑤ 31.25%

◁◀◀解　説◀

① 営業キャッシュ・フロー：ＣＦＳより

② フリー・キャッシュ・フロー：ＣＦＳより 5,000−2,000＝3,000

③ 営業利益営業キャッシュ・フロー比率　$\dfrac{5,000}{20,000} \times 100 = 25$

④ 営業キャッシュ・フロー当期純利益比率　$\dfrac{2,000}{5,000} \times 100 = 40$

⑤ キャッシュ・フロー比率　$\dfrac{5,000}{(17,000+15,000) \div 2} \times 100 = 31.25$

第21章　連結財務諸表分析

● 連結財務諸表分析のポイント ●

摘　　要	内　　容
(1) 連結財務諸表の意義	① 連結財務諸表の意義 ② 種　　類
(2) 連結財務諸表分析	① 連結財務諸表分析の意義 ② 主要指標と基本パターン
(3) 特有な指標等	① 連単倍率 ② 持分法による投資損益 ③ セグメント情報など

1　連結財務諸表の意義

(1)　連結財務諸表の意義

　中小の閉鎖的な企業は，単独で活動することが通常である。しかし，規模や事業種類が拡大してくると，本・支店や親会社・子会社などの形態で活動をするようになる。

　そして，法的には独立した複数の企業が経済的に一つの集団（**企業集団**という）を形成し，全体として同一の経済目的のために活動することがある。このような場合には，他の会社の議決権付株式の過半数を所有することなどにより，他の会社を実質的に支配している会社を**親会社**といい，当該他の会社を**子会社**という。ここでは，親会社は子会社を自由

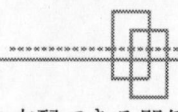

に支配できる関係（**支配従属関係**）が存在する。

このような支配従属関係にある企業集団を一つの組織体とみなして，親会社が総合的にこの企業集団の財政状態，経営成績などを報告するために作成する財務諸表を**連結財務諸表**（consolidated financial statements：CFS）という。他方，個々の企業が作成するものを**個別財務諸表**（individual financial statements：IFS）ないし単に**財務諸表**（F／S）という。

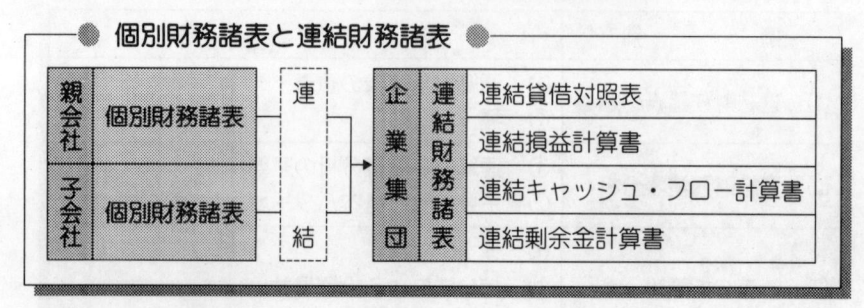

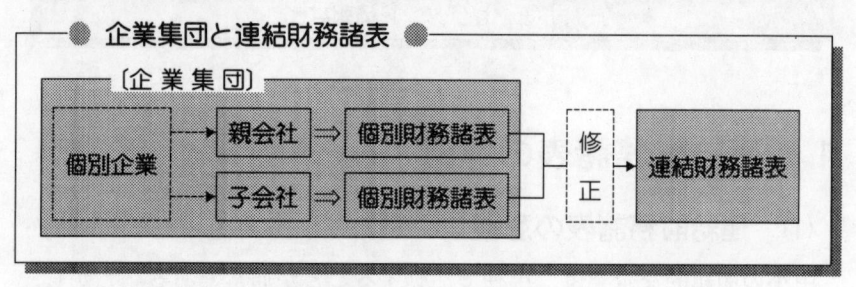

● **個別財務諸表と連結財務諸表** ●

親会社	個別財務諸表	連結	企業集団	連結財務諸表	連結貸借対照表
子会社	個別財務諸表				連結損益計算書
					連結キャッシュ・フロー計算書
					連結剰余金計算書

● **企業集団と連結財務諸表** ●

〔企業集団〕
個別企業 → 親会社 ⇒ 個別財務諸表
　　　　　→ 子会社 ⇒ 個別財務諸表
→ 修正 → 連結財務諸表

(2) 連結財務諸表の種類

連結財務諸表（CFS）**の種類**には，一時点（通常，期末）の企業集団全体の財政状態を表示する**連結貸借対照表**（CBS），一期間の企業集団全体の経営成績を表示する**連結損益計算書**（CPL），一期間の企業集団全体の剰余金の状況を表示する**連結剰余金計算書**（CSS）および一期間の企業集団全体のキャッシュの収支の状況を表示する**連結キャッシュ・フロー計算書**（CCFS）とがある。

なお，連結財務諸表は，個別財務諸表を基礎として，それに適切な修正を行って作成する（**個別財務諸表準拠性の原則**）。

2 連結財務諸表分析

(1) 連結財務諸表分析の意義

連結財務諸表分析（analysis of consolidated financial statements）とは，連結財務諸表を分析資料とし，企業集団を対象とした経営分析のことである。

そして，この分析目的は，個別財務諸表分析におけるものと同様に，企業集団全体についての収益性・安全性・成長性などの分析を目的とするものである。

また，分析手法や分析比率などについては，個別財務諸表分析におけるものと基本的に同様なものを使用する。

ただし，連結財務諸表分析では，個別財務諸表分析では出てこない**連結財務諸表に固有な勘定科目や指標等**が出てくるので，その取扱いに注意をする必要がある。

● 個別財務諸表分析と連結財務諸表分析 ●

摘 要	個別財務諸表分析	連結財務諸表分析
① 対　　象	個別企業	企業集団（連結グループ）
② 資　　料	個別財務諸表など	連結財務諸表など
③ 目　　的	収益性，安全性，成長性，生産性などの分析	
④ 手法・比率	分析手法・分析比率などは基本的に同様	
⑤ 差　　異	－	連結財務諸表特有のものがある。例えば，連単比率など

以下では，個別財務諸表分析と比較して，連結財務諸表分析に特有な事項について見ていくことにする。

(2) 連結財務諸表分析の主要指標

ここでは，**連結財務諸表分析の主要指標等**および**基本パターン**について見ていくことにする。

――● 連結財務諸表分析の主要な指標等 ●――

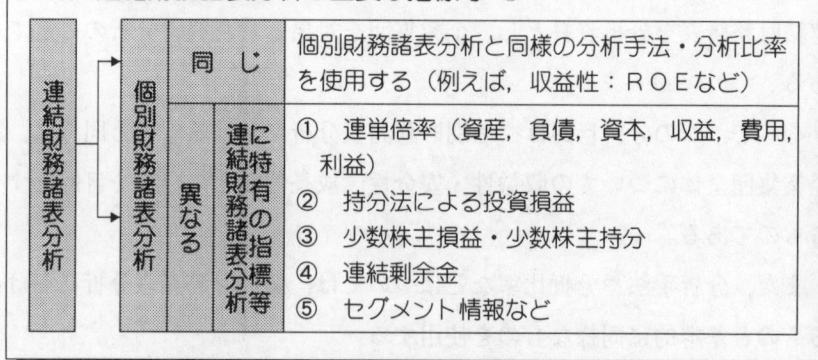

| 連結財務諸表分析 | 個別財務諸表分析 | 同じ | 個別財務諸表分析と同様の分析手法・分析比率を使用する（例えば，収益性：ＲＯＥなど） |
| | | 異なる | 連結財務諸表分析に特有の指標等 | ① 連単倍率（資産，負債，資本，収益，費用，利益）
② 持分法による投資損益
③ 少数株主損益・少数株主持分
④ 連結剰余金
⑤ セグメント情報など |

――● 連結財務諸表分析の基本パターン ●――

連結財務諸表分析の基本パターン　→　個別財務諸表分析と基本的に同様　＋　連結財務諸表分析に特有な指標等
① 連単倍率（資産，負債，資本，収益，費用，利益）
② 持分法による投資損益
③ 少数株主損益
④ 連結剰余金
⑤ セグメント情報など

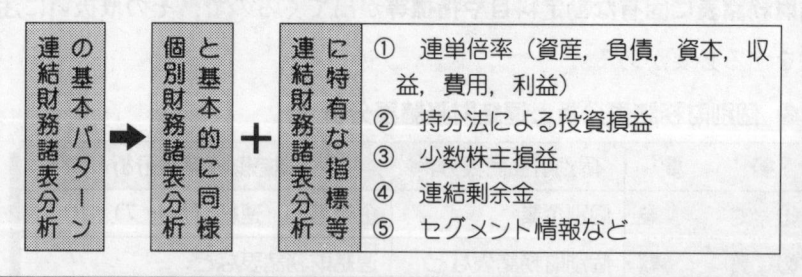

(3) 連単倍率

① 意　義

親会社の個別決算ベースの数値（資産，負債，資本，収益，費用，利益な

ど）に対する連結ベースの企業集団全体の数値の割合のことを**連単倍率**（ratio of consolidated account to parent company's account）と呼ぶ。

$$連単倍率 = \frac{連結財務諸表の数値}{親会社の個別財務諸表の数値}（倍）$$

これは，**資産**，**負債**，**資本**，**収益**，**費用**，**利益**などの同一項目について，親会社の数値に対して連結グループ全体で何倍の数値となっているかを示すものであり，親会社と連結グループの収益性や安全性などの格差や貢献度などを判断する資料となる。

以下では，例えば，利益の連単倍率を例にとって，具体的に見ていくことにする。

② **利益の連単倍率**

親会社の個別決算ベースの利益に対する連結ベースの企業集団全体の利益の割合が**利益の連単倍率**である。

$$利益の連単倍率 = \frac{連結の当期純利益}{親会社の当期純利益}$$

③ **分析のポイント**

分母に個別の数値として親会社の利益を取り，この比率が1以上である場合には，親会社の個別決算上の利益以上に連結ベースの利益があることとなる。これは，親会社以外の子会社や関連会社が全体として利益を上げ，企業集団全体の利益獲得に貢献していることを意味している。

それゆえ，この比率が高いほど良いと判断される。

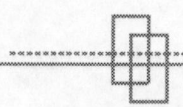

④ 見方のポイント

● 利益の連単倍率の見方のポイント ●

利益の連単倍率	①	1超	① 子会社・関連会社が企業グループ全体の利益の獲得に**貢献**している。 ② 企業グループの総合力が**発揮**されている。
	②	1	① 子会社・関連会社の企業グループ全体の利益の獲得への貢献はない。 ② 企業グループの総合力はない。
	③	1未満	① 子会社・関連会社の企業グループ全体の利益の獲得への貢献はない（親会社が子会社の利益を吸い上げているときなど）。 ② 子会社などが企業グループの足を引っ張っている。

(4) 持分法による投資損益

① 意　義

　持分法（equity method）とは，投資会社が被投資会社の純資産および損益のうち投資会社に帰属する部分の変動に応じて，その投資額を連結決算日ごとに修正する方法のことである。

　この持分法の適用会社は，**非連結子会社**（nonconsolidated subsidiaries：連結の対象としなかった子会社のこと）と**関連会社**（affiliated companies：親会社および子会社が，出資，人事，資金，技術，取引等の関係を通じて，子会社以外の他の会社の財務および営業の方針決定に対して重要な影響を与えることができる場合における当該他の会社をいう）について適用されるものである。

　この持分法においては，資産負債の合算は行わないけれども，**純資産**と**純利益**は連結を行った場合と同様の結果が得られるので，**一行連結**（one line consolidation）と呼ばれることもある。

　この持分法において使用される主な勘定として**投資有価証券**（investment in securities：非連結子会社と関連会社への投資額を示す資産勘定）と**持分法による投資損益**（持分法適用上，投資に生じた損益を示す収益・費用勘定）である。

② 分析のポイント

持分法による投資損益については，その利益が多く出ていれば，それだけ関連会社等が連結グループ全体に大きく貢献していると判断でき，反対に損失が多く出ていれば，それだけ関連会社等が連結グループ全体の足を引っ張っていると判断できる。

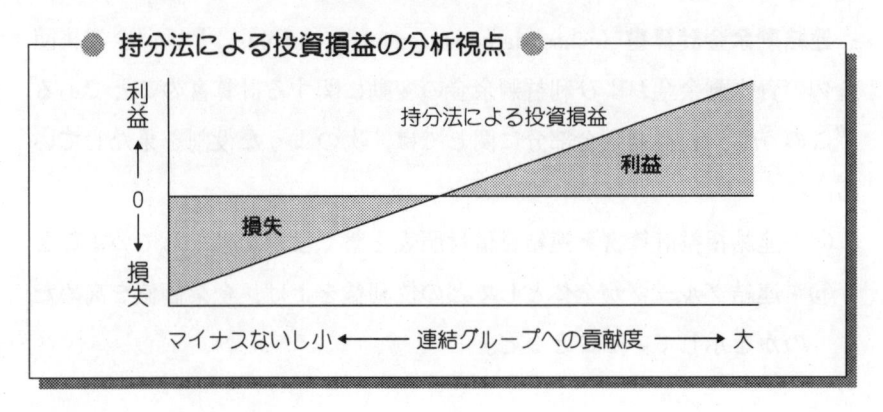

● 持分法による投資損益の分析視点 ●

(縦軸) 利益 ↑ 0 ↓ 損失
(横軸) マイナスないし小 ← 連結グループへの貢献度 → 大
持分法による投資損益：損失／利益

(5) 少数株主損益

① 意 義

少数株主損益（minority shareholders' profit or loss）とは，子会社の当期純利益（または損失）のうち少数株主の持分に帰属する部分のことである。

② 分析上のポイント

少数株主損益それ自体は，子会社の少数株主に帰属する部分の損益であるが，その背後には，多数株主である親会社に帰属する部分の損益が

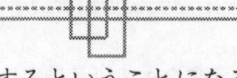

存在するということになる。

　それゆえ，この数値を分析することにより子会社の収益力を判断することができる。すなわち，少数株主利益が（プラスで）多いほど，子会社が連結グループへの貢献がそれだけ大きい（収益性が高い）と判断することができる。

(6) 連結剰余金計算書

① 意　　義

　連結剰余金計算書（consolidated statement of surplus）とは，企業集団全体の資本剰余金および利益剰余金の変動に関する計算書のことである。

　このうち，利益剰余金部分に関しては，次のような役割を果たしている。

- ⓐ　連結損益計算書と連結貸借対照表を繋ぐ役割を果たしていること。
- ⓑ　連結グループが全体としてどの位利益を上げ，企業価値を高めたのかを示していることなど。

```
━━● 連結財務諸表の連繋関係 ●━━━━━━━━━━━━
┌──────────┬──────────────────────┬──────────────┐
│ 連結損益計算書 │   連結剰余金計算書        │ 連結貸借対照表 │
```

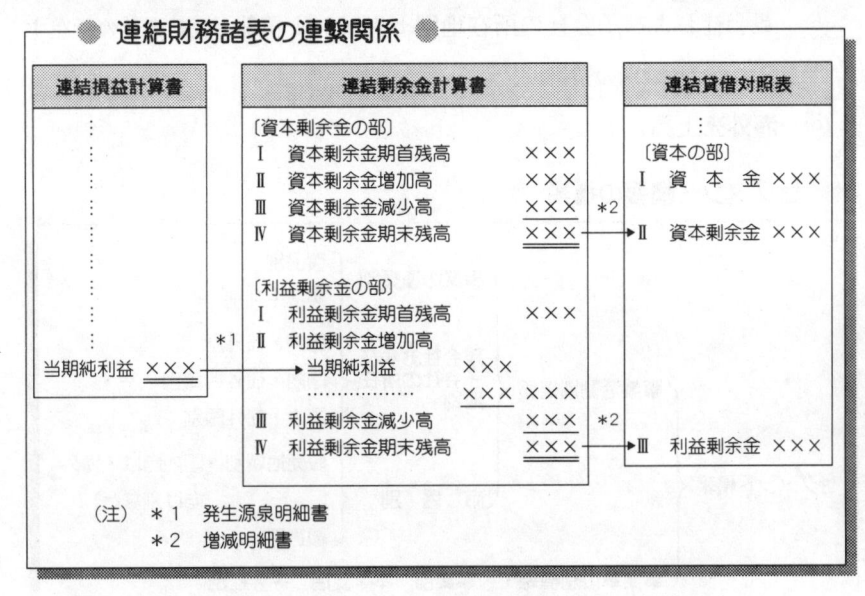

	〔資本剰余金の部〕			
⋮	Ⅰ 資本剰余金期首残高	×××		〔資本の部〕
⋮	Ⅱ 資本剰余金増加高	×××		Ⅰ 資 本 金 ×××
⋮	Ⅲ 資本剰余金減少高	×××	*2	
⋮	Ⅳ 資本剰余金期末残高	×××	→	Ⅱ 資本剰余金 ×××
	〔利益剰余金の部〕			
⋮	Ⅰ 利益剰余金期首残高	×××		
	*1 Ⅱ 利益剰余金増加高			
当期純利益 ×××	→ 当期純利益	×××		
	………………	××× ×××		
	Ⅲ 利益剰余金減少高	×××	*2	
	Ⅳ 利益剰余金期末残高	×××	→	Ⅲ 利益剰余金 ×××

(注) *1 発生源泉明細書
　　 *2 増減明細書

(出所) 岩崎　勇『新会計基準の仕組と処理』税務経理協会, 225頁。

(7) セグメント情報

① 意　義

セグメント情報（segment information）とは，例えば，売上高，売上総利益，営業利益などの財務情報を，事業の種類別や地域別などの区分単位（**セグメント**）に分けて作成・表示した情報のことである。

連結財務諸表だけでは多角化・国際化した企業の市場別や地域別の収益性・安全性・成長性などを正しく把握することはできないので，このセグメント情報が連結財務諸表の補足情報として親会社によって提供されている。

我が国で開示すべきセグメント情報の**種類**には，次のようなものがある。

　ⓐ **事業の種類別**セグメント情報（**製品系列別**の情報）

ⓑ 親会社および子会社の**所在地別**セグメント情報（連結会社の所在する国または地域別の情報）

ⓒ **海外売上高**

● セグメント情報の種類 ●

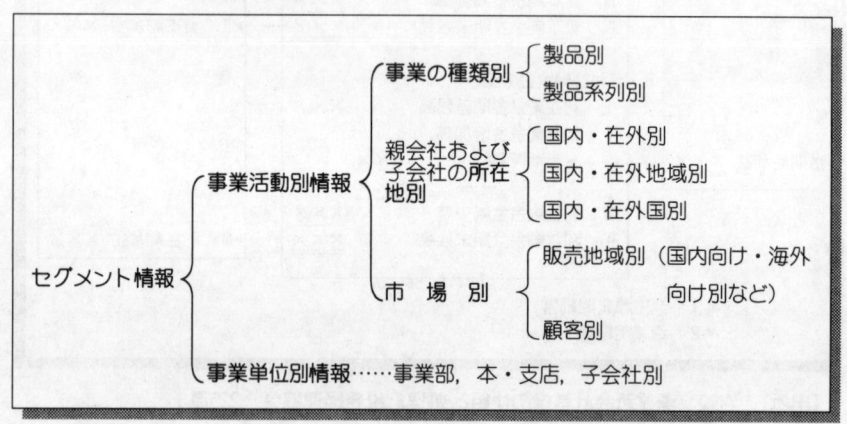

```
                          ┌ 事業の種類別 ┬ 製品別
                          │              └ 製品系列別
                          │
            ┌ 事業活動別情報 ┤ 親会社および ┬ 国内・在外別
            │              │ 子会社の所在 ├ 国内・在外地域別
            │              │ 地別         └ 国内・在外国別
セグメント情報 ┤              │
            │              │ 市 場 別    ┬ 販売地域別（国内向け・海外
            │              │              │            向け別など）
            │              └              └ 顧客別
            │
            └ 事業単位別情報……事業部，本・支店，子会社別
```

② 事業の種類別セグメント情報の分析

ここでは，事業の種類別のセグメント情報が示されている。

この情報により，**どの事業部門**が連結グループ全体の**利益にどれだけ貢献**しているかについての事業別の営業利益の構造とその貢献度を分析することができる。

また，事業部門別の営業利益率の分析を行うことにより，より詳しい事業部門別の収益性の分析を行うこともできる。

なお，**事業の種類別セグメント情報**は，次のような様式で示される。

● **事業の種類別セグメント情報** ●

	A事業	B事業	C事業	その他の事業	計	消去	連結
Ⅰ　売上高（セグメント間の内部売上高または振替高を含む）	××	××	××	××	××	(××)	××
Ⅱ　営業費用（Ⅲを除く）	××	××	××	××	××	(××)	××
配賦不能営業費用控除前営業利益（または営業損失）	××	××	××	××	××	(××)	××
Ⅲ　配賦不能営業費用							××
営業利益（または営業損失）							××

③　所在地別セグメント情報の分析

ここでは，所在地別のセグメント情報が示されている。

この情報によって，売上などが**国内依存型**なのかあるいは**海外依存型**なのかなどが分析できる。

なお，親会社および子会社の**所在地別セグメント情報**は，次のような様式で示される。

● **所在地別セグメント情報** ●

	国内	在外	計	消去	連結
Ⅰ　売上高					
(1)　外部顧客に対する売上高	××	××	××	―	××
(2)　セグメント間の内部売上高	××	××	××	(××)	―
計	××	××	××	(××)	××
Ⅱ　営業費用	××	××	××	(××)	××
営業利益（または営業損失）	××	××	××	(××)	××

設例21-1　連結財務諸表分析

第1章の損益計算書の数値を基礎として，当期純利益の連単倍率を計算しなさい。ただし，％の小数点以下第2位未満を四捨五入する。

▶解　答▶▶▷

1.5*

* 1.5＝3,000÷2,000

第22章 企業評価

● 企業評価のポイント ●

摘　　要	内　　容
(1) 企業評価の意義	① 企業価値の意義 　　企業価値，事業価値，株主価値 ② 企業評価の意義 　　意義，目的 ③ 財務諸表の組替え ④ 貸借対照表項目の測定・評価
(2) 企業評価の方法	① 企業評価の方法 　　DCF法，配当割引モデル，残余利益モデル，類似企業比準法，類似取引法など ② DCF法 ③ 類似企業比較法
(3) 投資評価手法	① 正味現在価値法 ② 収益性指数法 ③ 内部利益率法 ④ 回収期間法など

1　企業評価の意義

(1)　企業価値の意義

企業の評価を行う場合，その前提として企業価値がある。

ここに**企業価値**（value of the firm）とは，企業が全体として有してい

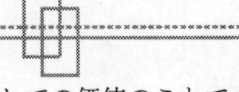

る資本としての価値のことである。

　企業は，利益の追求と分配を基本目的の一つとして，これを達成するために，人・物・金・情報などの経営資源を有機的に結びつけ組織化したものである。

　ここに企業価値が存在する。そして，この**企業価値**は，一般に将来の利益の流れを一定の割引率で現在価値に割り引いた資本還元価値（capitalized value）などの形で計算されるが，この場合には，期待キャッシュ・フロー，期待キャッシュ・フローのタイミング，リスクの程度，資本コストなどが問題となる。

　企業側から見た場合，一般に各企業が将来において創出するであろうキャッシュ・フロー（の割引現在価値）が事業部分の価値すなわち**事業価値**（value of the business）である。そして，この事業価値と投融資部分の価値すなわち投融資価値の合計が**企業価値**（value of the firm）である。さらに，この企業価値から（有利子）負債価値を控除したものが**株主価値**（shareholders' value）である。

　他方，これらを市場側から見れば，一般にその企業の1株当たりの株価に発行済株式数を乗じたものすなわち，株式時価総額が**株主価値**である。この株式時価総額は，**マーケット・キャップ**と呼ばれることもあり，市場の株主価値の評価額（総額）を表わす。そして，この株主価値に（純有利子）負債価値を加えたものが**企業価値**である。この企業価値から，投融資である非事業用資産（事業目的のために所有する資産以外の資産のこと）の価値を控除したものが事業価値である。

● 企業価値・事業価値・株主価値 ●

視点		価値		内容
評価視点	企業側からの評価	①	企業価値	事業価値と投融資価値の合計
		②	事業価値	各事業からの将来のキャッシュ・フロー（の割引現在価値）
		③	株主価値	企業価値－（純有利子）負債価値
	市場側からの評価	①	企業価値	株主価値＋（純有利子）負債価値
		②	事業価値	企業価値－投融資価値*1
		③	株主価値	株価×発行済株式数*2

*1 金融資産－現預金
*2 企業価値－（純有利子）負債価値

　キャッシュ・フローを重視し，企業価値や株主価値の向上をめざす経営が**価値創造経営**（value based management：ＶＢＭ）である。
　この価値創造経営では，まず価値創造を管理するバランスのとれた管理指標を設定し，これを共通目標として従業員を動機づけ，それによりコストの削減を図るとともに業務の質やスピードを向上させ，それを顧客の満足度を高めることにより売上高の増大を図り，その結果としてキャシュ・フローの増加がもたらされるように経営管理を行うものである。

(2) 企業評価の意義

① 意　　義

　企業評価（valuation of business enterprise）とは，企業全体の価値を評価すること（すなわち貨幣的な金額で測定すること）である。

② 目　　的

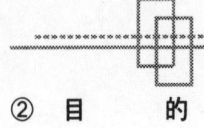

この企業評価を行う主な目的には，例えば，次のようなものがある。

```
●　企業評価の目的　●
①　経営分析
②　格付け（ランキング）
③　営業譲渡
④　合併買収（M&A），分割
⑤　更生・民事再生
⑥　組織変更
⑦　経営管理など
```

(3)　企業財務上の貸借対照表への組替え

企業評価のために，企業が毎期作成・公表している会計上の貸借対照表（B／S）を，企業財務上の貸借対照表（B／S）へ組み替えることが行われる。

このための手順は，次のとおりである。

① **純営業資産へ**

会計上の簿価ベースでの営業資産から営業負債を差し引いて**純営業資産**へ組み替える。

この純営業資産の帳簿価額が簿価ベースでの**事業価値**である。

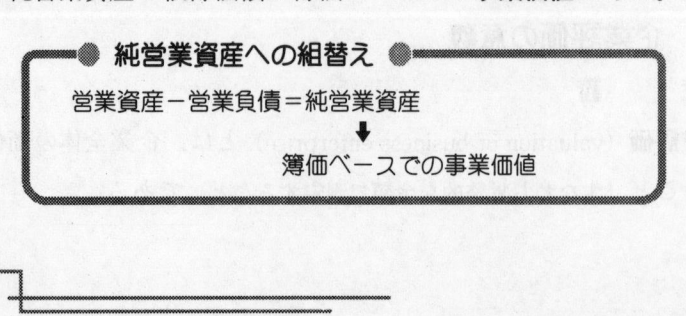

```
●　純営業資産への組替え　●
営業資産－営業負債＝純営業資産
↓
簿価ベースでの事業価値
```

② 有利子負債へ

会計上の簿価ベースでの負債から（上記①で使用した）営業負債を差し引いて有利子負債へ組み替える。

● 有利子負債への組替え ●
負債－営業負債＝有利子負債

③ 投融資へ

会計上の簿価ベースの金融資産から現預金を差し引いて投融資へ組み替える。

● 投融資への組替え ●
金融資産－現預金＝投融資

④ 純有利子負債へ

会計上の簿価ベースの有利子負債から現預金を差し引いて純有利子負債へ組み替える。

● 純有利子負債への組替え ●
有利子負債－現預金＝純有利子負債

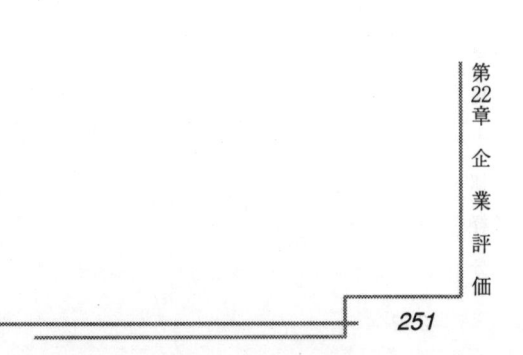

会計上のB／Sから企業財務上のB／Sへの組替え

会計上の貸借対照表	組 替 え	企業財務上の貸借対照表

会計上の貸借対照表：
- 1 流動資産
- 2 固定資産
- 1 流動負債
- 2 固定負債
- （自己）資本

組替え：
(1) ① 金融資産－現預金＝投融資＊1
② 有利子負債－現預金＝純有利子負債＊2
(2) ① 営業資産－営業負債＝純営業資産＊3
② 負債－営業負債＝有利子負債

企業財務上の貸借対照表：
- ① 投融資＊1
- ② 純営業資産＊3
- ③ 純有利子負債＊2
- ④ （自己）資本

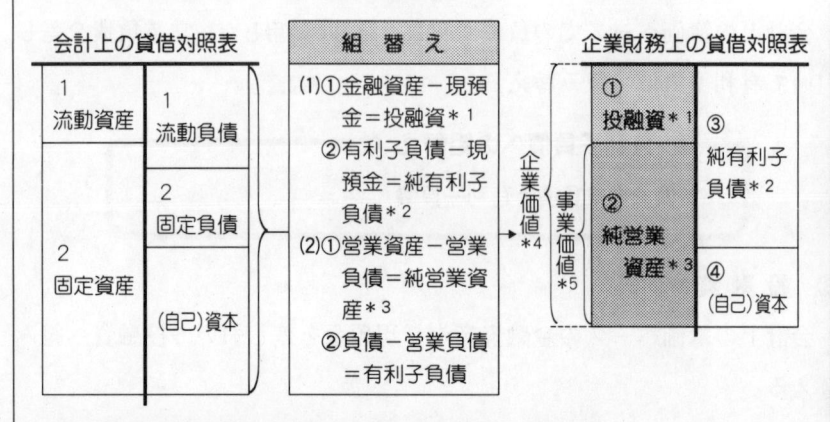

企業価値＊4／事業価値＊5

＊1 投融資は，金融資産から現預金を差し引いて計算する。
＊2 純有利子負債は，有利子負債から現預金を差し引いて計算する。
＊3 純営業資産は，営業資産から営業負債を差し引いて計算する。
＊4 企業価値は，事業価値と投融資の価値との合計である。
＊5 事業価値は（時価ベースでは），純営業資産が将来において創出するキャッシュ・フローの現在価値である。

(4) 貸借対照表項目の測定・評価

上述のようにして組み替えられた企業財務上の貸借対照表における各ストック項目の測定・評価は，簿価ベースおよび時価ベースに基づき，それぞれ次のように行われる。

● 貸借対照表項目の測定 ●

測定すべき価値	簿価ベース	時価ベース
① 投融資価値	金融資産[*1]－現預金[*1]＝投融資価値	金融資産[*2]－現預金[*2]＝投融資価値
② 事業価値	営業資産[*1]－営業負債[*1]＝事業価値	事業の創出する将来キャッシュ・フローの現在価値など
③ 企業価値	上記①投融資価値＋②事業価値＝企業価値	同左
④ 純有利子負債	有利子負債[*1]－現預金＝純有利子負債	有利子負債[*2]－現預金＝純有利子負債[*3]
⑤ 株主価値	資本の部（の合計額）[*1]	1株当たり株価×発行済株式数＝株式時価総額など

*1 簿価ベースのもの
*2 時価ベースのもの
*3 一般に簿価と時価との差が小さいために，簿価の数値を代用することが多い。

2 企業評価の方法

(1) 概　　要

企業評価の方法としては，次のように，大別して二つのものがある。

① **直接評価法**

直接評価法（direct valuation method：DVM）とは，**絶対価値アプローチ**（absolute value approach）に基づき，その企業の価値を直接的に評価する方法であり，理論的な方法である。

これには，例えば，DCF法，配当割引モデル（DDM），残余利益モデル（RIM）などがある。

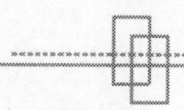

② 間接評価法

間接評価法 (indirect valuation method：IDVM) とは，**相対価値アプローチ** (relative value approach) に基づいて，その企業の価値を間接的に評価する方法である。これは，理論的な方法ではないが，企業の合併買収 (M&A) などの実務でよく使用される方法である。

これには，例えば，類似企業比準法，類似取引法などがある。

● 企業評価法 ●

分 類	考 え 方	具 体 例
(1) 直接評価法	絶対価値アプローチ	DCF法，配当割引モデル（DDM），残余利益モデル（RIM）など
(2) 間接評価法	相対価値アプローチ	類似企業比準法，類似取引法など

(2) 評価方法

企業評価の代表的な方法には，次のようなものがある。

このうち，将来の予想利益を一定の割引率（利率）で割引（資本還元）して評価を行う収益還元価値法などがよく使用される。

① **DCF法** (discounted cash flow model)

これは，企業（事業）が将来において創出すると期待されるキャッシュ・フローを資本コスト（WACC）で割引計算して，現在価値（企業価値）を求める方法である。

なお，この企業価値（資産価値）から負債価値（市場価値）を控除して，株式価値を計算する。

この方法が，この種の評価方法として，現在よく用いられている。

② **配当割引モデル** (dividend discount model：DDM)

これは，DCF法と同様に，企業が将来において行い，株主が受け取

ると期待されるキャッシュ・フローである配当（の流列）を株主資本コストで割引計算して，現在価値（株式価値）を求める方法である。

$$株式価値 = \sum_{t=1}^{\infty} \frac{D_t}{(1+r)^t}$$

(注) D＝配当, r＝資本コスト（割引率), t＝1, 2, …, n

これは，ＤＣＦ法と類似した性質のものである。

③ **残余利益モデル** (residual income model：ＲＩＭ)

これは，**割引超過利益モデル** (discounted abnormal earnings model：ＤＡＥＭ) ないし**オールソン・モデル**とも呼ばれ，期首の株主資本（簿価）に，各期の純利益から資本コスト（期首簿価×資本コスト（率））を差し引いた差額である残余利益 (residual earnings) ないし超過利益 (abnormal earnings) を資本コストで還元した累積現在価値を加えて，株式価値を計算するものである。

つまり，簡単にいえば，次のように考えられる。

期首株主資本（簿価）＋期待将来残余利益の現在価値＝株式価値

$$株式価値 = E_0 + \sum_{t=1}^{\infty} \frac{I_t - r \cdot E_{t-1}}{(1+r)^t}$$

(注) E＝株主資本, E_0＝期首株主資本, I＝純利益, r＝資本コスト（率), t＝1, 2, ……, n

このように，このモデルでは，資本取引以外の株主持分の変動は，すべて損益計算書を通過するという**クリーン・サープラス関係** (clean surplus relationship) を維持することを前提として，株式価値を簿価と利益と

いう会計数値の関数として導出するところに特徴があり，最近，特に注目をあびている。

④　**類似企業比準法**（comparable companies method：ＣＣＭ）

これは，上場している複数の同業他社を選定し，その企業の株価等から評価倍率を計算し，それを基に評価対象企業の企業価値を計算する方法である。

なお，企業価値は，事業価値に投融資価値を加えて算定する。

⑤　**類似取引法**（similar transaction method：ＳＴＭ）

これは，実際に行われた他の同様の取引の価額を参考にして企業価値を計算する方法である。

これは，Ｍ＆Ａ（merger and acquisition：合併買収）などでよく用いられる方法である。

(3)　ＤＣＦ法の企業評価手順

ＤＣＦ法により企業評価を行う場合の手順は，次のとおりである。

① 　**分析資料の収集**

まず，過去数年間の損益計算書，貸借対照表，キャッシュ・フロー計算書と投融資などに関する分析資料を収集する。

② 　**将来の期待キャッシュ・フローの予測**

次に，事業価値に対応する将来において発生すると期待される営業(フリー・)キャッシュ・フローを予測する。

この場合，過去の実績を踏まえて，事業の中長期的な営業（フリー・）キャッシュ・フローを，複数のシナリオで予測する。

③ 　**割引率の決定**

そして，割引率を負債コストと自己資本コストを加重平均した資本コ

スト(WACC:weighted average capital cost)として計算する。

④ 企業価値の算定

最後に,上述のようにして求めた将来の営業(フリー・)キャッシュ・フローを一定の割引率で割り引き,事業価値を算定する。

そして,この事業価値に投融資の時価として求めた投融資価値を加算して,企業価値を算定する。

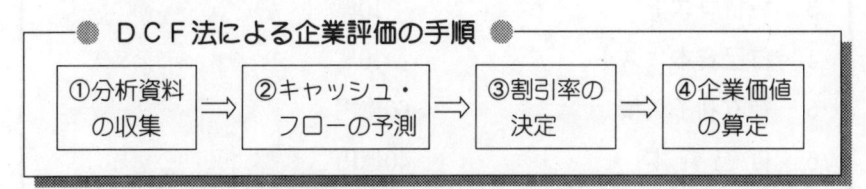

●―― DCF法による企業評価の手順 ――●

①分析資料の収集 ⇒ ②キャッシュ・フローの予測 ⇒ ③割引率の決定 ⇒ ④企業価値の算定

⑤ DCF法での企業価値の算式

ⓐ 企業価値=事業価値+投融資価値

ⓑ 事業価値=特定年度まで(有期)の予測DCF+継続価値

ⓒ 予測DCF$=\dfrac{\text{営業FCF}_1{}^*}{1+r}+\dfrac{\text{営業FCF}_2}{(1+r)^2}+\cdots\cdots$

  * FCF=フリー・キャッシュ・フロー

ⓓ WACC$=\dfrac{\text{負債}\times\text{負債コスト}^*}{\text{負債}+\text{自己資本}}+\dfrac{\text{自己資本}\times\text{自己資本コスト}}{\text{負債}+\text{自己資本}}$

  * 負債コスト=支払利子率×(1−税率)

設例22-1 企業価値評価：DCF法

次のデータから甲社の企業価値評価を行いなさい。

1　投融資価値（時価）　　　　100億円
2　予測営業フリー・キャッシュ・フロー（1年毎，3年後まで一定）
　　　　　　　　　　　　　　10億円
3　負債コスト　　　　　　　　10%
4　自己資本コスト　　　　　　10%
5　純有利子負債　　　　　　　60億円
6　自己資本　　　　　　　　　40億円
7　継続価値（4年後以降）　　200億円

最終の予測DCF億円未満四捨五入する。

▶解　答▶▶▷

325億円

▶解　説▶▶▷

① 企業価値325億円＝事業価値225億円＋投融資価値100億円

② 事業価値225億円＝3年度末までの予測DCF25億円
　　　　　　　　　＋継続価値200億円

③ 予測DCF$=\dfrac{10億円}{1+0.1}+\dfrac{10億円}{(1+0.1)^2}+\dfrac{10億円}{(1+0.1)^3}≒24.8$

④ WACC$=\dfrac{負債60億円×負債コスト10\%}{負債60億円＋自己資本40億円}$

　　　　　　$+\dfrac{自己資本40億円×自己資本コスト10\%}{負債60億円＋自己資本40億円}$

$$=\frac{6億円}{100億円}+\frac{4億円}{100億円}=\frac{10億円}{100億円}=0.1$$

(4) 類似企業比準法の企業評価手順

類似企業比準法により企業評価を行う場合の手順は，次のとおりである。

① **類似企業の決定**

まず，この方法を適用するためには，評価企業と類似する公開企業を同業種から数社選定をすることが必要である。

② **類似企業の資料収集**

次に，上述のように選定された類似企業の売上高や営業利益などの損益計算書項目関係の資料，自己資本などの貸借対照表項目関係の資料，営業キャッシュ・フローなどのキャッシュ・フロー計算書関係の資料や株価・発行済株式数などのその他の資料を収集する。

③ **類似企業の企業評価（時価の算定）**

上記②で収集した資料を基礎として，次に，類似企業の企業価値，投融資価値，事業価値，負債価値，株価総額を計算する。

④ **評価倍率の算定**

上述の資料等を基にして，例えば，次のような比較可能な評価倍率を算定する。

なお，計算上出てきた異常値は排除する。

ⓐ 売上高事業価値率 $=\dfrac{事業価値}{売上高}$

ⓑ 営業利益事業価値率 $=\dfrac{事業価値}{営業利益}$

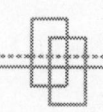

ⓒ 営業キャッシュ・フロー事業価値率＝$\dfrac{事業価値}{営業キャッシュ・フロー}$

ⓓ $\overset{バー}{PER}* = \dfrac{株価総額（時価）}{経常利益}$

* price earnings ratio：**株価収益率**；株価を1株当たり利益額で割った数値のことである。これは，株価判断指標として使用され，この値が小さいほど利益に比較して，株価が割安であることを示している。

ⓔ $\overset{ピー・ビー・アール}{PBR}* = \dfrac{株価総額（時価）}{自己資本（簿価）}$

* price bookvalue ratio：**株価純資産倍率**；株価総額（時価）を自己資本（簿価）で割った数値のことである。これは，もし簿価で作成された財務諸表が正しく株主価値（企業価値）を反映している場合には，自己資本は株価総額（時価）と等しく，PBRは1になるということ，そしてもし財務諸表が株主価値（企業価値）を過小評価している場合には，PBRは1より大きくなる，ということを意味している。

⑤ **対象企業の企業価値の算定**

上述のようにして算出した類似企業の評価倍率に対象企業の数値を乗じて企業価値，事業価値や自己資本価値などを算定する。

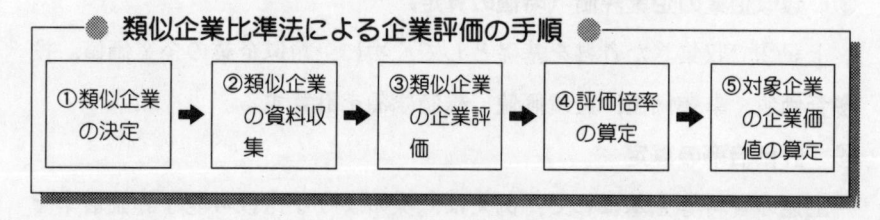

● **類似企業比準法による企業評価の手順** ●

①類似企業の決定 → ②類似企業の資料収集 → ③類似企業の企業評価 → ④評価倍率の算定 → ⑤対象企業の企業価値の算定

設例22－2　企業評価：類似企業比準法

次の資料に基づいて，類似企業比準法によって，企業評価を行いなさい。

(1) 類似企業の資料

売上高200億円，営業利益20億円，営業キャッシュ・フロー20億円，経常利益10億円，自己資本（簿価）100億円，株価10万円／株，発行済株式総数10万株，金融資産55億円，現預金5億円，有利子負債155億円

(2) 評価倍率

① 売上高事業価値率 $=\dfrac{\text{事業価値}}{\text{売上高}}$

② 営業利益事業価値率 $=\dfrac{\text{事業価値}}{\text{営業利益}}$

③ 営業キャッシュ・フロー事業価値率 $=\dfrac{\text{事業価値}}{\text{営業キャッシュ・フロー}}$

④ ＰＥＲ $=\dfrac{\text{株式時価総額}}{\text{経常利益}}$

⑤ ＰＢＲ $=\dfrac{\text{株式時価総額}}{\text{自己資本（簿価）}}$

(3) 評価企業の資料

売上高100億円，営業利益8億円，営業キャッシュ・フロー10億円，経常利益4億円，自己資本（簿価）50億円，株価10万円／株，発行済株式総数6万株，金融資産21億円，現預金1億円，有利子負債81億円

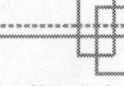

▶解　答▶▶▷

① 売上高事業価値率によるとき：120億円
② 営業利益事業価値率によるとき：100億円
③ 営業キャッシュ・フロー事業価値率によるとき：120億円
④ ＰＥＲによるとき：120億円
⑤ ＰＢＲによるとき：130億円

◁◀◀解　説◀

1　類似企業の時価評価

類似企業の時価評価Ｂ／Ｓ　（単位：億円）

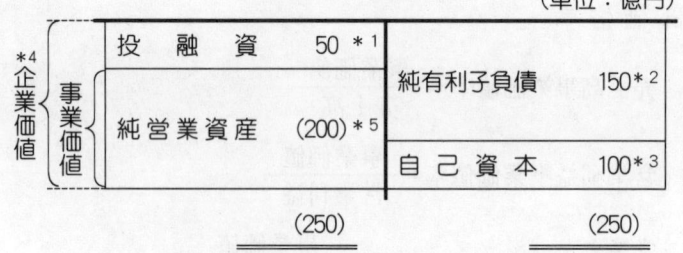

*4 企業価値	事業価値	投　融　資　　50 *1	純有利子負債　150 *2
		純営業資産　（200）*5	自　己　資　本　100 *3
		（250）	（250）

* 1　50＝55（金融資産）－5（現預金）
* 2　150＝155（有利子負債）－5（現預金）
* 3　100＝10万円×10万株
* 4　企業価値（250）＝150（純有利子負債）＋100（自己資本）
* 5　200＝250（企業価値）－50（投融資）

2　評価倍率

① 売上高事業価値率：200（事業価値）÷200（売上高）＝1
② 営業利益事業価値率：200（事業価値）÷20（営業利益）＝10
③ 営業キャッシュ・フロー事業価値率：
　　　　　200（事業価値）÷20（営業キャッシュ・フロー）＝10
④ ＰＥＲ：100（株式時価総額）÷10（経常利益）＝10
⑤ ＰＢＲ：100（株式時価総額）÷100（自己資本（簿価））＝1

3　対象企業の企業評価

摘　要	① 事業価値 売上高率	② 事業価値 営業利益率	③ 事業価値営業 キャッシュ・ フロー率	④ PER	⑤ PBR
① 投　融　資 ② 事　業　価　値	21－1＝20 100×1＝100	21－1＝20 8×10＝80	21－1＝20 10×10＝100	21－1＝20 120－20＝100 (③－①)	21－1＝20 130－20＝110 (③－①)
③ 企　業　価　値 (＝①＋②)また は(＝④＋⑤)	20＋100＝120	20＋80＝100	20＋100＝120	80＋40＝120	80＋50＝130
④ 純有利子負債 ⑤ 自己資本価値 (＝③－④)	81－1＝80 120－80＝40	81－1＝80 100－80＝20	81－1＝80 120－80＝40	81－1＝80 4×10＝40	81－1＝80 50×1＝50

3　投資評価手法

(1)　概　　　要

DCF法に属する投資の評価手法については，種々のものがある。その主要なものとしては，例えば，次のようなものがある。

● DCF法での投資評価手法 ●

DCF法関係の 投資評価手法	① 正味現在価値法（NPV法）
	② 収益性指数法（PI法）
	③ 内部利益率法（IRR法）
	④ （投下資金）回収期間法（POT法）

(2)　正味現在価値法

正味現在価値法（net present value method：NPV法）とは，投資から期待される将来のキャッシュ・インフローを利子率により割り引いて現

在価値を計算し，これから投資額を控除して正味現在価値を計算し，これが正で大きいほど良いとして，投資案の経済性を判断するものである。

●━━ 正味現在価値の算式 ━━●

$$NPV = \sum_{t=1}^{n} \frac{C_t}{(1-r)^t} - I_0$$

(注) r：資本コスト，C_t：t期のネット・キャッシュ・フロー，I_0：初期投資額

(3) 収益性指数法

収益性指数法（profitability index method：PI法）とは，正味現在価値（NPV）を投資額で割って計算した数値のことである。

この数値が1を超え，大きいほど良いとして，投資案の経済性を判断するものである。

●━━ 収益性指数の算式 ━━●

$$PI = \frac{NPV^*}{投資額} \times 100$$

＊　NPV：正味現在価値

(4) 内部利益率法

内部利益率法（internal rate of return method：IRR法）とは，初期投資額に対して投資によるネット・キャッシュ・フローの現在価値を等しくする（NPV＝0）のような割引率（利回り）を求め，採択のための利子率と比較することによって，その割引率（利回り）が採択のための利子率より高いほど良いとして，投資案の経済性を判断するものである。

> **● 内部利益率の算式 ●**
>
> $$NPV = \sum_{t=1}^{n} \frac{C_t}{(1+r)^t} - I_0^* = 0$$
>
> ＊　ここでは現時点での投資 I_0 のみを想定している。なお，追加投資があるときには，
> $\sum_{t=0}^{n} \frac{I_t}{(1+r)^t}$ が代わりに入る。

(5)　(投下資金) 回収期間法

　回収期間法（pay out time method：ＰＯＴ法）とは，キャッシュ・インフローの累計額で，投資額（キャッシュ・アウトフロー）を何年で回収しうるのかという期間を計算し，その期間が短いほど良いとして，投資案の経済性を判断するものである。

　なお，キャッシュ・フローの評価に時間価値を考慮する方法としない方法とがある。

> **● 回収期間の算式 ●**
>
> $$回収期間 = \frac{投資額}{年々のキャッシュ・インフロー}$$

4　投下資本とリターンの関係

　ここで，投下資本とリターンの関係についてまとめておくことにする。

　通常，事業価値に対するリターンは，損益計算書上は営業利益であり，キャッシュ・フロー上は営業キャッシュ・フロー（ないしフリー・キャッシュ・フロー）である。

　また，企業価値に対するリターンは，損益計算書上は，営業利益に営

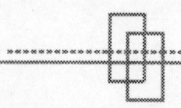

業外収益を加算したＥＢＩＴ（金利・税金控除前利益：earnings before interest, taxes）である。

● 投下資本とリターンの関係 ●

投下資本	リ　ター　ン	
事業価値	（損益計算書上）	営業利益
	（キャッシュ・フロー上）	営業キャッシュ・フロー
企業価値	営業利益＋営業外収益（ＥＢＩＴ）	

参 考 文 献

井上貴裕他『CFOのためのバリュエーションと企業価値創造』税務経理協会，2004年8月
岩崎　勇『すぐわかる会計ビッグ・バン』一橋出版，2000年4月
　―――『すぐわかる新会計基準』一橋出版，2001年10月
　―――『建設業経理事務士ヒミツの短期合格テキスト　1級財務分析』税務経理協会，2003年1月
　―――『基本財務諸表論』中央経済社，2003年10月
　―――『キャッシュ・フロー計算書の読み方・作り方』税務経理協会，2004年1月
　―――『企業結合会計』同文舘出版，2004年4月
　―――『勘定科目と仕訳の基礎』税務経理協会，2004年6月
　―――『新会計基準の仕組と処理』税務経理協会，2004年6月
宇角英樹『これでわかった経営分析のポイント』テイ・アイ・エス，1996年9月
占部都美編著『経営学辞典』中央経済社，1983年11月
小川　洌『経営分析の理論と実務』税務研究会出版局，1981年7月
　―――『わかりやすい経営分析講座』税務研究会出版局，1981年7月
河野辺雅徳編著『経営者のための事業価値評価』中央経済社，2003年9月
経済産業省『地域金融人材育成システム開発事業テキスト／講義用スライト／用語集』2004年4月
建設業経理実務研究会他編著『建設業経理事務士合格トレーニングブック2002　1級財務分析』大成出版社，2001年9月
小島三郎編著『現代経営学事典』税務経理協会，1992年4月
後藤　弘『連結決算時代の経営分析』税務経理協会，1997年12月
小山泰宏『M&A・投資のためのDCF企業評価』中央経済社，2000年9月
斎藤静樹監訳『企業分析入門』東京大学出版会，2000年4月
資金分析研究会編『財務諸表の資金分析入門』税務経理協会，1995年4月

税務経理協会編『建設業経理事務士1級財務分析 出題傾向と対策』税務経理協会，2001年6月
センチュリー監査法人編『商法決算書の読み方・作り方』中央経済社，1999年3月
ＤＡＩ－Ｘ総研編『建設業経理事務士1級財務分析』ＤＡＩ－Ｘ出版，2001年10月
太斎利幸『よくわかる経営分析入門』ナツメ社，2002年12月
田中恒夫『企業評価論』創成社，2001年4月
田中弘編著『今日から使える経営分析の技術』税務経理協会，2003年5月
中央経済社編『わかる・つかえる・つくれる連結財務諸表』中央経済社，1997年12月
辻敢・石崎津義男『決算書の実務的な読み方』ぎょうせい，2000年7月
土井秀生『ＤＣＦ 企業分析と価値評価』東洋経済新報社，2003年1月
富樫清仁『入門財務分析』税務経理協会，2002年12月
中野誠「財務データを用いた企業価値評価」九州大学会計学研究会報告レジュメ，2005年1月22日
新田功他『経済・経営時系列分析』白桃書房，2001年3月
日本管理会計学会編『管理会計学大辞典』中央経済社，2000年9月
日本経済新聞社編『経済新語辞典』日本経済新聞社，2000年3月
野村健太郎『連結企業集団の経営分析』税務経理協会，2003年6月
濱田弘作『経営分析の基礎』税務経理協会，1997年11月
尾藤文隆『キャッシュ・フロー計算書が分析できる本』金融ブックス，2002年5月
船橋健二編著『中小企業の経営分析』税務経理協会，1998年10月
降旗武彦他『経営学小事典』有斐閣，1990年8月
増田正志他『建設業財務分析〔1級対応編〕』中央経済社，1996年1月
枡谷克悦『企業価値評価の実務』清文社，2003年5月
マッキンゼー・コーポレート・ファイナンス・グループ訳『企業価値評価』ダイヤモンド社，2002年3月
松村勝弘・松本敏史編『エクセルでわかる企業分析・決算書』東京書籍，2003年9月

村田簿記学校編『建設業経理事務士1級「財務分析」問題集』中央経済社，1999年10月
森平爽一郎監訳『信用リスクの測定手法のすべて』金融財政事情研究会，2001年8月
矢島雅己『決算書はここだけ読もう』弘文堂，2004年2月
山本大輔他『入門知的資産の価値評価』東洋経済新報社，2002年9月
渡辺茂編著『ケースと図解で学ぶ 企業価値評価』日本経済新聞社，2003年5月

索　引

あ

ROA …………………………121, 123
ROC …………………………121
ROE …………………………121, 126
ROI …………………………121
粗利益…………………………44
安全性…………………………31, 60
安全性分析……………………19, 86, 160
安全余裕額……………………188
安全余裕率……………………188

い

一行連結………………………240
1年基準………………………23
移動基準法……………………101
インタレスト・カバレッジ・
　レシオ………………………184, 186

う

受取勘定回転期間……………144
受取勘定固定回転率…………143
売上……………………………42
売上原価………………………134
売上原価率……………………134
売上総利益(率)………………44, 52, 135
売上高営業利益率……………132
売上高経常利益(率)…………132, 135
売上高増減率…………………214
売上高総利益率………………132
売上高利益率…………………131

え

営業・投資キャッシュ・
　フロー………………………225
営業キャッシュ・フロー……58
営業キャッシュ・フロー
　適合率………………………230
営業キャッシュ・フロー当期
　純利益比率…………………227
営業循環基準…………………23
営業報告書……………………15
営業利益………………………44, 53
営業利益営業キャッシュ・
　フロー比率…………………228
営業利益増減率………………217
営利社団法人…………………5, 6

お

親会社…………………………235

か

会社……………………………5
回収期間法……………………265
回転期間………………………139
回転率…………………………138
加算法…………………………196
貸方……………………………10
貸倒処理………………………33
貸倒引当金……………………33

価値的生産性	193
活動性	136
活動性分析	86, 137
株価キャッシュ・フロー比率	232
株価収益率	232
株式会社	5
株主価値	248
株主資本	27, 36
株主持分	28, 36
貨幣単位	193
科目の流動性配列法	25
借入金依存度	175
借方	10
関係比率	102
関係比率法	102
勘定式	18, 41
関数均衡分析	97
間接法	81
関連会社	240

き

期間収益	48
期間比較	50, 70
期間費用	48
企業価値	247, 248
企業間比較	51, 71
企業集団	235
企業診断	69
企業評価	249
基本財務諸表	7
キャッシュ・フロー・マージン	183
キャッシュ・フロー経営	58
キャッシュ・フロー計算書	4, 12, 56, 79, 81
キャッシュ・フロー計算書分析	62, 161
キャッシュ・フロー比率	181
キャッシュ・フロー分析	221
業績	40
金融資産	20

く

区分の流動性配列法	25
区分表示	42
組替え	250
繰延資産	21

け

経営資本	36
経営状況	2
経営成績	8, 40
経営責任	5
経営分析	69, 72
経済的意思決定	69
計算書類	2
経常的	45
経常利益	44
経常利益増減率	217
経費	15
決算	5
決算書	2
限界利益(率)	149
原価の3要素	15
原価法	34
現金	57
現金及び現金同等物	57

現金創出能力	58, 223
現金同等物	57
健康診断	69
減算法	195
健全性分析	87, 162, 169

こ

控除法	195
構成比率法	99
高低2点法	152
子会社	235
固定基準法	101
固定資産	20
固定資産回転期間	144
固定資産回転率	143
固定長期適合率	31, 178
固定配列法	24
固定費	150
固定比率	31, 177
固定負債	27
固定負債比率	174
個別財務諸表	7

さ

債権者持分	27
財産性	21
財産性分類	22
財産法	8
財産保全機能	6
最小自乗法	152
財政状態	10
財務(金融)収益	45
財務(金融)費用	45
財務キャッシュ・フロー	59, 225

財務諸表	2, 4, 236
財務諸表の様式	74
財務諸表分析	69
財務資料	73
財務分析	69
財務分析の目的	85
材料費	15
散布図表法	152
残余利益モデル	255

し

時価法	35
時間差	25
事業価値	248
資金概念	57
資金の調達	28
資金の調達状況	10
資金変動性分析	88, 163, 181
時系列分析	70
自己資本	27, 36
自己資本営業利益率	128
自己資本回転期間	142
自己資本回転率	141
自己資本経常利益率	128
自己資本事業利益率	128
自己資本増減率	219
自己資本当期純利益率	128
自己資本比率	171
自己資本利益率	126
資産	19
資産性	21
試算表	4
支出額	48
市場規模	133

273

市場占有率 …………………133
指数法 ………………………104
実現収益 ……………………48
実現主義の原則………………47
実数分析 ……………………113
実数法………………………96, 115
支配従属関係 ………………236
支払勘定回転期間 …………146
支払勘定回転率 ……………145
資本 …………………………10, 27
資本回転率 …………………140
資本概念………………………35
資本金…………………………28
資本構造分析 ………………170
資本収益性 …………………114, 120
資本循環………………………82
資本剰余金……………………28
資本生産性 …………………194, 206
資本増減率 …………………218
資本等式………………………11
資本利益率 …………………121
社内留保率 …………………180
収益性 ………………………3, 112
収益性指数法 ………………264
収益性分析 …………………42, 85, 113
集計 ……………………………4
収支額主義……………………48
修正 ……………………………4
収入額…………………………48
受託責任会計アプローチ ……5
出資 ……………………………5
純支払利息比率 ……………187
象形法 ………………………109
少数株主損益 ………………241

正味運転資本…………………36
正味現在価値法 ……………263
将来収益獲得能力 ……………19
所有と経営の分離 ……………5
所有と支配の分離 ……………5
仕訳 ……………………………4
仕訳帳 …………………………4
人件費率 ……………………208

━━━ す ━━━

趨勢（比率）法 ……………101, 213
数値使用ルール ………………91

━━━ せ ━━━

生産性………………………87, 193
生産性分析…………………87, 192, 199
生産設備 ……………………194
正常収益力……………………45
成績表 …………………………5
製造原価報告書 ………………14
静態比率 ……………………104
成長性 ………………………212
成長性分析…………………88, 213
セグメント情報 ……………243
設備投資効率 ………………205

━━━ そ ━━━

総合評価法 …………………104
総資本…………………………36
総資本営業キャッシュ・
　フロー比率 ………………182
総資本営業利益率 …………125
総資本回転期間 ……………142
総資本回転率 ………………141

総資本経常利益率 …………………125
総資本事業利益率 …………………125
総資本(資産)増減率 ………………219
総資本当期純利益率 ………………125
総資本利益率 ………………………123
測定単位 ……………………………193
損益計算書 …………………4, 7, 40, 77
損益計算書分析 ………………40, 161
損益の発生源泉 ……………………42
損益分岐図表 ………………………153
損益分岐点 …………………………148
損益分岐点の売上高 ………………154
損益分岐点の販売量 ………………154
損益分岐点比率 ……………………155
損益分岐点分析 …………116, 147, 150
損益法 ……………………8, 40, 112
損失 …………………………………42
存続の指標 ……………………………3

━━ た ━━

貸借対照表 …………………4, 10, 74
貸借対照表等式 ……………………10
貸借対照表の分析手法 ……………37
貸借対照表分析 …………………17, 161
対象期間による分類 ………………94
対象企業による分類 ………………94
滞留・不良在庫 ……………………33
棚卸資産 ……………………………20
棚卸資産回転期間 …………………144
棚卸資産回転率 ……………………143
他人資本 …………………………27, 36
単純実数分析 ………………50, 97, 115
担保 …………………………………35

━━ ち ━━

注記 …………………………………15
直接法 ………………………………79

━━ て ━━

DCF法 ……………………………254
低価法 ………………………………34
定性的情報 …………………………15
定性的分析 …………………………70
定量的情報 …………………………15
定量的分析 …………………………69
転記 …………………………………4

━━ と ━━

当期業績主義 ………………………45
当期純利益 …………………………45
当期純利益増減率 …………………217
統計間比較 …………………………71
当座資産 ……………………………167
当座比率 …………………………29, 30
倒産 …………………………………3
投資キャッシュ・フロー …………59
投資構造分析 …………………170, 176
投資効率性 …………………………114
投資その他の資産 …………………20
投資評価手法 ………………………263
投資有価証券 ………………………240
動態比率 ……………………………104
特殊比率法 …………………………102
取引価額主義 ………………………48
取引収益性 ……………………114, 130

な

内部利益率法 …………………………264

に

2対1の原則 ……………………………166
二大経営分析 …………………………160

は

配当性向 ………………………………179
配当率 …………………………………179
配当割引モデル ………………………254
発生項目 …………………………………61
発生主義の原則 …………………………48
発生費用 …………………………………48
バランスシート …………………………10
繁栄の指標 ………………………………3
販売価格 ………………………………134
販売数量 ………………………………134
販売費及び一般管理費 …………………44

ひ

比較増減分析 ……………………………97
非財務資料 ………………………………73
非財務分析 ………………………………69
1株当たり営業キャッシュ・
　フロー ………………………………233
1株当たり当期純利益 ………………156
1人当たり売上高 ……………………203
1人当たり人件費 ……………………209
1人当たり総資本 ……………………204
費目別精査法 …………………………152
百分率キャッシュ・フロー
　計算書 …………………………………65

百分率損益計算書 ……………………54
百分率法 …………………………………99
費用 ………………………………………42
費用収益対応の原則 ……………………48
費用性資産 ………………………………20
費用の期間帰属決定原則 ………………48
費用の分解方法 ………………………151
比率分析 ………………………………113
比率法 ……………………………98, 117
非連結子会社 …………………………240

ふ

付加価値 …………………87, 194, 195
付加価値増減率 ………………………215
付加価値の分配率 ……………………207
付加価値分析 …………………………196
付加価値率 ……………………………203
含み損 ……………………………………34
負債 …………………………………10, 27
負債営業キャッシュ・フロー
　比率 …………………………………231
負債回転期間 …………………………146
負債回転率 ……………………………145
負債増減率 ……………………………217
負債比率 ………………………………173
附属明細書 ………………………………14
附属明細表 ………………………………14
物的生産性 ……………………………193
物量単位 ………………………………193
不良債権 …………………………………32
フリー・キャッシュ・フロー ……223
不渡手形 …………………………………3
分析資料 …………………………………73
分析方法 …………………………………93

分析方法による分類 …………… 95

――― へ ―――

変動費 ………………………… 150
変動費と固定費の分解 ………… 150

――― ほ ―――

包括主義 ………………………… 40
報告式 ……………………… 18,41
法定資本 ………………………… 28
本業 ……………………………… 44

――― ま ―――

前給付費用 …………………… 195

――― む ―――

無形固定資産 …………………… 20

――― め ―――

名称のルール …………………… 88

――― も ―――

目標利益を獲得するための
　売上高 ……………………… 155
目標利益を獲得するための
　販売量 ……………………… 155
持分法 ………………………… 240
持分法による投資損益 ……240,241
元帳 ……………………………… 4

――― ゆ ―――

有形固定資産 …………………… 20
有形性 …………………………… 21
誘導法 ……………………… 18,40

――― よ ―――

要求払預金 ……………………… 57
様式 ………………………… 18,41
要素生産性 …………………… 194

――― り ―――

利益 ……………………………… 3
利益概念 ………………………… 43
利益獲得能力 ………………… 112
利益剰余金 ……………………… 28
利益処分計算書 …………… 13,78
利益処分性向分析 ………170,179
利益増減分析 ………………… 116
利益増減率 …………………… 215
利益の質 ………………………… 42
利益の役割 ……………………… 47
利害関係者 ……………………… 68
流動・固定の分類 ……………… 23
流動資産 ………………………… 19
流動性 ………………21,23,25,165
流動性配列法 …………………… 24
流動性分析 …………… 87,162,165
流動比率 …………………… 29,166
流動負債 ………………………… 27
流動負債比率 ……………… 168,174

――― る ―――

類似企業比準法 ……………… 256
類似取引法 …………………… 256

――― れ ―――

レーダー・チャート法 ……… 106
連結キャッシュ・フロー

277

計算書 …………………………236
連結財務諸表 …………………………236
連結財務諸表分析 ……………………237
連結剰余金計算書 …………236, 242
連結損益計算書 ………………………236
連結貸借対照表 ………………………236
連単倍率 ………………………………238

——— ろ ———

労働生産性 ……………………194, 201
労働装備率 ……………………………205
労働分配率 ……………………………207
労働力 …………………………………194
労務費 …………………………………15

著者紹介

岩崎　勇（いわさき　いさむ）

〔略　歴〕
昭和60年　明治大学大学院経営学研究科博士課程単位取得
　現在　九州大学大学院教授

〔主要著書〕
「基本財務諸表論」,「簿記会計学習ハンドブック」(共著)(以上,中央経済社),「国際会計基準」,「法人税法の解説」,「教科書・原価計算」,「教科書・工業簿記」,「すぐわかる会計ビッグ・バン」,「すぐわかる税効果会計」,「すぐわかる新会計基準」,「連結納税制度と組織再編」,「経営」(共著)(以上,一橋出版),「入門簿記」,「入門簿記Ⅱ」,「勘定科目と仕訳の基礎」,「金融商品会計入門」,「連結納税の本」,「新会計基準の仕組と処理」,「キャッシュ・フロー計算書の読み方・作り方」(以上,税務経理協会),「企業結合会計」(同文舘出版),「国際会計基準精説」(共著)(白桃書房)など多数。

〔講演等〕
　会計・税法・監査・経営などのテーマについて,企業・協会・大学などで多くの研修会・講演会の講師を務める。

著者との契約により検印省略

平成17年4月1日　初版第1刷発行

図解＋設例でわかる
経営分析のやり方・考え方

著　者　　岩　崎　　　勇
発 行 者　　大　坪　嘉　春
印 刷 所　　税 経 印 刷 株 式 会 社
製 本 所　　株 式 会 社　三 森 製 本 所

発 行 所　東京都新宿区下落合2丁目5番13号　株式会社　税 務 経 理 協 会
郵便番号 161-0033　振替 00190-2-187408　電話(03)3953-3301(編集代表)
FAX(03)3565-3391　(03)3953-3325(営業代表)
URL　http://www.zeikei.co.jp/
乱丁・落丁の場合はお取替えいたします。

© 岩崎 勇 2005　　　　　　Printed in Japan

本書の内容の一部又は全部を無断で複写複製(コピー)することは,法律で認められた場合を除き,著者及び出版社の権利侵害となりますので,コピーの必要がある場合は,あらかじめ当社あて許諾を求めて下さい。

ISBN4-419-04510-8　C2034